中等职业教育数字化课程建设教材
供中等卫生职业教育各专业使用

职业生涯规划与就业指导

ZHIYE SHENGYA GUIHUA YU JIUYE ZHIDAO

主　编　宋晨升
副主编　刘　晓　周　伟
编　者　（按姓氏汉语拼音排序）
　　　　胡梦非（营口市卫生学校）
　　　　刘　晓（重庆市医药卫生学校）
　　　　彭丽辉（新疆巴音郭楞蒙古自治州卫生学校）
　　　　宋晨升（黑龙江省黑河市职教中心学校）
　　　　文淑红（广元市利州中等专业学校）
　　　　徐成瑶（重庆市医药学校）
　　　　杨洁玉（黑龙江省黑河市职教中心学校）
　　　　赵晓波（北京市昌平卫生学校）
　　　　周　伟（淮南卫生学校）

科学出版社
北　京

· 版权所有，侵权必究 ·

举报电话：010-64030229；010-64034315；13501151303（打假办）

内 容 简 介

本教材共分 6 章，分别从认知职业生涯发展规划、关注环境、剖析自我、确定目标、制定措施和提高能力等方面进行了叙述。职业生涯贯穿于人生的重要发展阶段，职业生涯规划是每个人职业生涯顺畅发展的路线图，本教材旨在协助学生及早了解职业方向、结合自身特点和社会需要找准职业发展目标、抓住机遇，以期顺利达成目标，实现自己的就业梦、成才梦。本教材采用案例、知识链接和多种的数字化资源的形式，深入浅出地分析、说明问题，循序渐进地讲授知识，传授方法，力争让学生在轻松的形式中领悟道理，得到启发。

本教材适合中等卫生职业教育各专业院校的学生使用。

图书在版编目（CIP）数据

职业生涯规划与就业指导/宋晨升主编. —北京：科学出版社，2018.1
中等职业教育数字化课程建设教材
ISBN 978-7-03-055723-0

Ⅰ. 职… Ⅱ. 宋… Ⅲ. 职业选择-中等专业学校-教材 Ⅳ. G717.38

中国版本图书馆 CIP 数据核字（2017）第 294069 号

责任编辑：池 静 / 责任校对：张凤琴
责任印制：赵 博 / 封面设计：铭轩堂

版权所有，违者必究。未经本社许可，数字图书馆不得使用

科 学 出 版 社 出版
北京东黄城根北街 16 号
邮政编码：100717
http://www.sciencep.com

石家庄继文印刷有限公司 印刷
科学出版社发行 各地新华书店经销

*

2018 年 1 月第 一 版　　开本：787×1092　1/16
2021 年 7 月第八次印刷　　印张：7 1/2
　　　　　　　　　　　　字数：178 000
定价：25.00 元
（如有印装质量问题，我社负责调换）

中等职业教育数字化课程建设教材

编审委员会

主任委员	郑小波　方　莉
副主任委员	符秀华　林智东　涂丽华　毕重国　朱红英
编委会委员	（按姓氏笔画排序）

丁宏伟　丁金娥　万爱军　马　英　王　萌
王　懿　王有刚　王艳华　卢桂霞　孙敬华
李　蕾　李长驰　李民华　李经春　李砚池
杨建芬　张　玲　张全丽　张晓萍　周士珍
郝　强　柳海滨　钟楠楠　袁亚红　郭　蔚
曹　岚　韩新荣　程　颖　程忠义　曾志励

中等职业教育数字化课程建设教材

教材目录

书 名	主编名	书 号
1. 语文	孙敬华 李经春	978-7-03-055597-7
2. 英语	方 莉	978-7-03-055594-6
3. 医护英语	曹 岚	978-7-03-055598-4
4. 计算机应用基础	张全丽	978-7-03-055596-0
5. 职业生涯规划与就业指导	宋晨升	978-7-03-055723-0
6. 护理礼仪	李 蕾	978-7-03-055595-3
7. 人际沟通	王艳华	978-7-03-055397-3
8. 解剖学基础	万爱军	978-7-03-055390-4
9. 生物化学	钟楠楠 丁金娥	978-7-03-055482-6
10. 化学（第3版）	丁宏伟	978-7-03-055914-2
11. 医用物理（第2版）	李长驰	978-7-03-055913-5
12. 生理学基础	柳海滨	978-7-03-055393-5
13. 病理学基础	周士珍 卢桂霞	978-7-03-055395-9
14. 药物学基础	符秀华	978-7-03-055387-4
15. 医学遗传学基础	王 懿	978-7-03-055349-2
16. 病原生物与免疫学基础	郑小波 王有刚	978-7-03-055449-9
17. 护理学基础	郭 蔚	978-7-03-055480-2
18. 内科护理	张晓萍	978-7-03-055354-6
19. 外科护理	王 萌 郝 强	978-7-03-055388-1
20. 妇产科护理	李民华	978-7-03-055355-3
21. 儿科护理	李砚池	978-7-03-055394-2
22. 健康评估	袁亚红 程 颖	978-7-03-055391-1
23. 社区护理	马 英	978-7-03-055389-8
24. 老年护理	杨建芬 张 玲	978-7-03-055350-8
25. 传染病护理	曾志励	978-7-03-055720-9
26. 中医护理基础	韩新荣	978-7-03-055558-8
27. 急救护理技术	程忠义	978-7-03-055396-6

前 言 QIAN YAN

党的十九大对优先发展教育事业，加快教育现代化，办好人民满意的教育作出了部署，对发展职业教育提出了新的要求——完善职业教育和培训体系，加快实现职业教育的现代化，深化体制机制改革，加强师德建设，深化产教融合、校企合作，提升职业教育开放水平和影响力。为我国新时代职业教育和继续教育指明了方向，明确了任务。

科学出版社深入贯彻党的十九大精神，积极落实教育部最新《中等职业学校专业教学标准（试行）》要求，并结合我国医药类职业院校当前的教学需求，组织全国多家医药职业院校编写了"全国中等职业教育数字化课程建设规划教材"。本套教材具有以下特点。

1. **新形态教材** 本套教材是以纸质教材为核心，通过互联网尤其是移动互联网，将各类教学资源与纸质教材相融合的一种教材建设的新形态。读者可通过中科云教育平台，快速实现图片、音频、视频、3D模型等多种形式教学资源的共享，并可在线浏览重点、考点及对应习题，促进教学活动的高效开展。

2. **对接岗位需求** 本套教材中依据科目的需要，增设了大量的案例和实训、实验及护理操作视频，以期让学生尽早了解护理工作内容，培养学生学习兴趣和岗位适应能力。教材中知识链接的设置，旨在扩大学生知识面，鼓励学生探索钻研专业知识，不断进步，更好地对接岗位需求。

3. **切合护考大纲** 本套教材紧扣最新"国家护士执业资格考试大纲"的相关标准，清晰标注考点，并针对每个考点配以试题及相应解析，便于学生巩固所学知识，及早与护考接轨，适应护理职业岗位需求。

《职业生涯规划与就业指导》是本套教材中的一本。职业生涯贯穿于人生的重要发展阶段，职业生涯规划是每个人职业生涯顺畅发展的路线图。本教材旨在协助学生及早了解职业方向，结合自身特点和社会需求找准职业发展目标，抓住机遇，顺利达成目标，实现自己的就业梦、成才梦。本教材紧扣时代发展主题，将中职生职业理想、职业生涯发展目标与实现中华民族伟大复兴的"中国梦"融合，体现社会主义核心价值观，传播社会正能量，具有较强的思想性和时代感。本教材内容难度适宜，采用案例、知识链接和多种形式的数字资源的形式，深入浅出地分析、说明问题，循序渐进地讲授知识、传授方法，力争让学生在轻松的形式中领悟道理，得到启发。

在本教材的编写过程中，得到了全国多家医药院校专家的鼎力支持，在此表示诚挚的谢意。由于水平所限，教材中若有不当之处，敬请同行批评指正！

编 者
2018 年 1 月

目录 MU LU

第1章 认知职业生涯与职业生涯规划 …1
- 第1节 职业与职业生涯…………1
- 第2节 职业生涯规划的内涵………6

第2章 关注环境 抓住职业生涯发展机遇………12
- 第1节 认知专业及对应职业岗位群…………12
- 第2节 职业资格证书是职业生涯的"敲门砖"………21
- 第3节 家庭、社会对职业发展的影响…………25

第3章 剖析自我 为职业生涯发展打基础………31
- 第1节 职业性格与职业生涯………31
- 第2节 职业兴趣与职业生涯………34
- 第3节 职业能力与职业生涯………39
- 第4节 自我评估实训（自我评估报告）………45
- 第5节 职业价值观与职业生涯发展…………46

第4章 确定目标 制定职业生涯发展规划………53
- 第1节 职业生涯发展要有目标……53
- 第2节 职业生涯发展要精心设计…………60
- 第3节 中职生（阶段）职业生涯规划实训…………67

第5章 制定措施 管理职业生涯规划…72
- 第1节 严格管理职业生涯规划……72
- 第2节 适当调整职业生涯规划……76
- 第3节 职业生涯规划管理实训……80

第6章 提高能力 促进职业生涯发展…83
- 第1节 正确认识就业与创业………83
- 第2节 做好就业准备………88
- 第3节 做好求职准备………94
- 第4节 个人求职简历实训…………102

参考文献………106

教学基本要求………107

自测题答案………112

第1章 认知职业生涯与职业生涯规划

一个人的职业生涯是其生命、生活的重要组成部分。选择了一份职业，就是选择了一种社会角色，进而，选择了一种生活方式。古人云："凡事，预则立，不预则废。"这"预"不只是一事、一年，而是事事、年年，甚至数十年。我们中职生要及早规划自我发展蓝图，做自己人生事业的规划者、耕耘者，为实现自我价值创造机会，扬长避短，迈向成功。

第1节 职业与职业生涯

一、职业及其特征

案例 1-1 小彤已读完九年义务教育，中考成绩一般，在班主任的推荐下选择了在本市卫生学校就读农村医学专业。小彤在读卫校期间，认真学习、苦练技能，以优秀的成绩和突出的表现毕业，被学校推荐到一家镇中心卫生院上班做导诊，一年后又通过努力考取助理执业医师资格证，成为一名真正医生。小彤凭着自己的能力有了一份体面的职业，受到人们的尊重，既为社会贡献着自己的一份力量，又实现了她的抱负和理想。

问题：1. 中考成绩不理想是否就意味着没有了前途？
2. 小彤为什么能那么快获得工作？

（一）职业的涵义

所谓职业是指参与社会分工，利用专门的知识和技能，为社会创造物质财富和精神财富，获得合理报酬，满足物质生活及精神需求，实现自我价值的工作。

通俗地说，职业就是性质相近的工作的总称，通常指个人服务社会并作为主要生活来源的工作。在特定的组织内它表现为职位，即我们在谈某一具体的工作（职业）时，其实也就是在谈某一类职位。每一个职位都会对应着一组任务，作为任职者的岗位职责。而要完成这些任务就需要这个岗位上的人，即从事这个工作的人，具备相应的知识、技能、态度等。

具体来说，职业的内涵可以从以下几个方面来理解：第一，与人类的需求和职业构成相关，强调社会分工；第二，与职业的内在属性相关，强调专业知识和技能；第三，从社会伦理角度看，注重物质财富与精神财富的创造，获取合理报酬；第四，从社会角度看，职业是劳动者获得的社会角色，劳动者为社会承担一定的义务和责任，并获得相应的报酬；第五，从国民经济活动所需要的人力资源角度来看，职业是指不同性质、不同内容、不同形式、不同操作的专门劳动岗位（图1-1）。

图1-1　不同的职业

作为卫生类中职生，毕业后将会在各类卫生医疗单位、基层医院、诊所等相关医疗机构从事医疗护理服务工作，卫生类中职生不能只把职业看成谋生的手段，更应把职业当成实现自己人生价值或抱负的舞台，因此要倍加努力，钻研专业知识和苦练专业技能，将来为社会做更多贡献，为自己谋求更大的发展平台。

（二）职业的特征

职业作为一种普遍的社会现象，具有以下五个特征。

1. 社会性　职业是人类在劳动过程中形成的社会分工和社会活动，它体现的是劳动力与劳动资料之间的结合关系，也体现了劳动者之间的关系，劳动产品的交换体现的是不同职业之间的劳动交换关系，这种劳动过程中结成的人与人的关系是具有社会性的。

2. 功利性　职业作为人们赖以谋生的手段，其劳动过程具有逐利性一面。人们从事职业活动并由此获得满足职业者自己的生活需要，逐渐积累个人的财富。只有把职业的个人功利性与社会功利性相结合起来，职业活动及其职业生涯才具有生命力和积极意义。

3. 技术性　职业的技术性是指不同的职业具有不同的技术要求，每一种职业往往都表现出一定相应的技术规范。比如，护理人才就有专门的护理技能操作项目和操作规范要求。当今社会快速发展，职业的科学技术含量越来越高，一个人在从事某种职业之前，除了必须接受一段时间的针对某一特定职业的专业知识教育和培训外，还需进行专门的技术技能或操作规程的训练。

4. 规范性　职业的规范性应该包含两层含义：一是指职业内部的规范操作要求；二是指职业道德的规范性。不同的职业在其劳动过程中都有一定的操作规范性，在劳动内容、劳动方式、劳动手段等方面具有不同的要求，即一个人要从事某种职业，就必须具备专门的知识、能力和特定的职业道德品质。

5. 时代性　职业的时代性指职业由于科学技术的变化，人们生活方式、习惯等因素的变化导致职业打上那个时代的"烙印"。

二、职业与职业生涯

案例 1-2　小强中考成绩不理想，初中毕业后不想读高中，就和家人一起外出打工，但由于年龄太小又无一技之长，找不到工作。在要好同学邀请下，小强"跟着感觉走"来到中职卫校学校药剂专业学习。进卫校学习后，小强渐渐明白职业生涯的含义，知道专业学习还有"3+2""3+3"等途径，决定努力学习，认真学好专业知识和技能，提升职业素养，准备将来在职业生涯发展的道路上，准确选择职业目标，开创自己的事业。

问题：李强进卫校读书后，能开创属于他的事业吗？

跨进中职学校大门，我们将迎来丰富多彩的中职学习生活，经过学习和努力，我们将获得专业知识和技能，增长人生阅历和才干，为我们今后的职业生涯发展打下坚实的基础。

（一）职业生涯的含义

生涯（career），"生"即"活着"；"涯"即"边界"。广义上理解，"生"，自然是与一个人的生命相联系；"涯"，则有边际的含义，即指人生经历、生活道路和职业、专业、事业。

职业生涯就是一个人的职业经历，它是指一个人一生中所有与职业相联系的行为与活动，以及相关的态度、价值观、愿望等连续性经历的过程，也是一个人一生中职业、职位的变迁及工作、理想的实现过程。简单地说，职业生涯就是一个人终生的工作经历。职业生涯是一个动态的过程，它并不包含职业上成功与否，每个工作着的人都有自己的职业生涯。

一般认为，我们的职业生涯开始于任职前的职业学习和培训，终止于退休。我们选择什么职业作为我们的工作，这对于每个人的重要性都是不言而喻的。

（二）职业生涯发展阶段

职业生涯发展阶段是指个人职业生涯中具有各种不同特征的不同时期。围绕职业，人的一生大致可划分为三个阶段：从业准备阶段、从业阶段、从业回顾阶段。

1. 准备阶段　从孩童开始，到完成学校的学习，开始从事某种职业之前，都属于从业准备阶段。中等职业学校学生跨进职业学校的学习生活，应都属于为职业生涯发展做准备的阶段，不仅为首次就业做准备，还为一生职业生涯发展奠定基础。按时间先后、学习内容和职业之间的关系，从业准备阶段又可细分为职业认知、职业试探、职业选择、职前准备4个既有差别又相互交融的阶段。

2. 从业阶段　从业阶段是人生的关键阶段。职业生涯长短与个人的兴趣、能力、健康等有关。人们通过职业行为满足多种需求；职业生涯发展，是一个不断学习、不断积累、不断提高即应终身学习的过程。

3. 回顾阶段　第三阶段是从业回顾阶段，逐步退出和结束职业生涯，开发更为广泛的社会角色，减少权利和义务，依靠从业阶段的积蓄和通过社会保障得到的回馈，即用从业阶段对社会贡献而得到的医疗、养老等方面的福利，安享晚年天伦之乐。

三、职业生涯与职业理想

　林巧稚（图1-2）是我国现代妇产科医学的奠基人之一。5岁那年，母亲因患宫颈癌逝世。母亲的离世在林巧稚幼小的心灵中留下了无法磨灭的印象，从那时候起她决心学医（妇科）救苦救难，成为一名医生的种子就这样留在林巧稚心中。1921年夏，已有20岁的林巧稚到上海报考北京协和医学院。经过八年的艰苦学习，林巧稚终于实现了当初的理想，穿上了神圣的白大褂，成为我国优秀妇产科医生之一。

图1-2　林巧稚

问题： 1. 林巧稚成为一名著名的妇产科医生，你得到什么启发？
2. 你的职业理想是什么？怎样去实现自己的职业理想？

（一）职业理想的含义

职业理想是个人在一定世界观、人生观及价值观的指导下，对自己未来所从事的职业与发展目标做出的想象和设计，简言之，职业理想是个人对未来所从事的职业的向往和追求，是职业生涯发展的动力。职业理想是人们实现个人生活理想、道德理想和社会理想的手段和方式。

（二）职业理想的特点

1. 时代性　社会分工、职业演变是影响一个人职业理想的决定因素。生产力发展水平不同，社会实践的深度和广度不同，人们的职业追求目标也不同。职业理想总是一定的生产方式及其所形成的职业地位、职业声望在个人头脑中的主观反映。个人的职业理想既要符合时代进步，还要适应职业所在行业的发展趋势和职业演变、岗位晋升的内在规律。

2. 社会性　通过自己的职业履行对社会应尽的义务,每个职业都有其特定的社会责任。职业理想的实现取决于一定的社会因素。社会稳定、经济发展个人才可能追求职业理想的实现。个人的职业理想和社会理想相一致才是有意义的。

> **中国梦　我的梦**
>
> 实现中华民族伟大复兴,是近代以来中国人民最伟大的梦想,我们称之为中国梦,其基本内涵是实现国家富强、民族振兴、人民幸福。中华民族伟大复兴是中国梦的核心内容。

3. 发展性　职业理想的内容也会因为时间、地域、处境的不同而变化。随着年龄的增长、社会阅历的丰富及知识水平的提升,职业理想会由朦胧变得清晰,由幻想变得理智,要善于审时度势地及时调整职业理想。

4. 个体差异性　职业是多种多样的,每个人选择什么职业,与他的知识结构、能力水平等有较密切的关系。道德修养及人生观、价值观影响着职业理想的方向,兴趣、性格、身体状况会影响职业理想的具体定位,而知识结构、能力水平影响着职业理想的层次。

(三)职业理想对人生发展的作用

比塞尔小村落的故事

在撒哈拉沙漠,有一个名叫比塞尔的小村落,不为人知,与世隔绝。当地人没有一个人走出过村庄。据说比塞尔人曾多次试图走出沙漠,但每一次都又绕回原地。

后来,有一个叫肯莱文的欧洲青年,来到了比塞尔,当地一个叫阿古特尔的青年,跟随着肯莱文,一直向着北斗星的方向走,用三天时间,终于走出了沙漠。原来,比塞尔村处在浩瀚的沙漠中间,在一望无际的沙漠里,如果一个人凭着感觉往前走,会走出许多大小不一的圆圈,最后的足迹会是一把卷尺般的形状,只能回到起点。

多年以后,比塞尔成了远近闻名的旅游名城。比塞尔人在村子中央小广场上,设立了一个阿古特尔的铜像,铜像的基座上镌刻着一句话"新生活从选定方向开始"。

问题:1. 比赛尔人为什么多年未走出沙漠?
　　　2. 你对"新生活从选定方向开始"的感悟是什么?

1. 导向作用　理想是前进的方向,是心中的目标。一个人一旦确定了职业理想,就应朝着实现这一理想的方向去努力。人生发展的目标是通过职业理想来确立,并最终通过职业理想来实现的。俄国托尔斯泰曾说过:"理想是指路的明灯,没有理想就没有坚定的方向，就没有生活。"在学习和生活中，如果我们的学习目的不明确，就没有前进的方向和动力，学习的效果就不明显。因此，有了明确的、切合实际的职业理想，再经过努力奋斗，人生发展目标才会实现。

2. 激励作用　职业理想源于现实又高于现实，它比现实更美好。职业理想是个人对未来所从事的职业的向往和追求，是职业生涯发展的动力。它是我们职业活动中，追求事业、工作发展的精神支柱和动力源泉，激励我们持久、自觉地追求既定目标。为使美好的未来和宏伟的憧憬变成现实，人们会以坚韧不拔的毅力、顽强的拼搏精神和开拓创新的行动去为之努力奋斗。中职生有了正确的职业理想，才能展望未来、珍惜现在，自觉地、目标明确地锤炼和提高自己，为实现职业理想而不懈奋斗。

3. 调节作用　职业理想在现实生活中具有参照的作用，它指导并调整着我们的职业活动。当一个人在工作中偏离了理想目标时，职业理想就会发挥纠偏作用，尤其是在实践中遇到困难和阻力时，如果没有职业理想的支撑，人就会心灰意冷、丧失斗志。反之，倘若有坚定的职业理想，无论是处在顺境还是逆境，都会奋发进取，勇往直前，不会虚度年华。可见在职业活动中，职业理想具有调节作用。

谁说中职生没有希望，前途暗淡？殊不知，中职生更有不服输的精神气概和力量。我们拥有一技之长，在向课本寻求知识和能力的同时，更注重实践和技能。中职生正站在职业理想的起跑线上，积极储备充足的人文底蕴和实践技能，奠定扎实的专业基础，成功不再是幻想和奢望。

第2节　职业生涯规划的内涵

案例 1-5　小王是某中职卫校临床医学（3+2）专业毕业生。上学时他就对自己的职业生涯做了具体的规划，他的理想是未来能有自己的一家专科医院。毕业两年后，他按照自己设计的职业生涯路线，在家乡小镇上开了一家私人诊所。在此期间，他一边工作一边学习，参加医科大学临床医学专业本科的半脱产学习，取得了本科毕业证。在过去十几年的时间里，他到过北京、上海等地三甲医院进修，拜访过许多地方名医。小王的医术越来越精湛，名气在当地也越来越大。2015年，小王的私人诊所从小镇搬到了市里，他和几个志同道合的朋友合伙创建了一所拥有多科室临床门诊部，成为当地规模较大的私人医院。

问题：1. 小王为什么能实现理想？
2. 小王的行为对我们有怎样的启示？

一、职业生涯规划的含义

我们中职生对未来的职业有着美好的憧憬，在职业生涯发展的道路上，重要的不是你现在所处的位置，而是你迈出下一步的方向。职业生涯规划帮你确立人生的方向，提供奋斗的策略；突破现实的局限，塑造清新充实的自我。

（一）职业生涯规划概念解析

1. 职业生涯规划　职业生涯规划又称职业生涯设计，是指一个人根据自己的现实情况，对决定一个人职业生涯的主客观因素进行分析、梳理、测定并确立适合自己的职业生涯的发展目标，并为实现这一目标，制定相应的学习和工作计划，按一定的时间安排、采取必要实际行动实现职业生涯目标的过程。它是个人对自己一生职业发展轨迹的谋划和设计，是一个不断探寻的过程，也是对个人职业前程的瞭望，是实现职业理想的前提条件。

对广大的中职生来说，职业生涯规划就是在对自我内外因分析和职业世界认知的基础上，根据自己的兴趣、性格、习惯、价值观及专业技能，再结合社会环境诸因素综合分析，对将来准备从事的职业和要达到的职业目标做出方向性选择和判断，并制定出实现目标的可行性方案及措施。

2. 职业生涯规划分类

（1）职业生涯规划按期限划分，可分为短期规划、中期规划和长期规划。

职业生涯规划从短期到中期再到长期直至整个人生，是一个连续渐进的过程。可在实际的执行过程中，如果时间段太长，不利于根据环境、形势等变化而进行调整；倘若时间太短，就有可能没有发挥规划的实际作用。因此，个人职业生涯规划应以3~5年的中期规划为宜。

（2）职业生涯规划按主体上划分，还可分为小学生、初中生、中职生（高中生）、大学生等职业生涯规划。

正所谓"职业生涯规划要趁早，人生设计在少年"，中职生应为实现自己的职业理想，尽早思考自己的爱好兴趣和将来愿意从事的职业，提前做点相关职业需要的知识、技能和综合素质的功课，进而积极参加相关职业社会实践活动，提升自己相关职业需要的从业能力。

（二）职业生涯规划的特性

1. 可行性　进行职业生涯规划，要提供事实依据，便于执行。若没有事实依据的规划往往只是美好的幻想或是不着边际的梦想，没有可行性，会贻误职业生涯良机。

2. 适时性　职业生涯规划是预测一个人在将来的职业活动中的行动，确定将来的职业目标，由此，对于各项主要目标和活动、实施阶段、完成时间等都应有具体适时安排，以作为检查行动情况的依据。

3. 适应性　规划将来的职业生涯目标，会牵涉到多种可变因素，因此，职业生涯规划要有弹性，以增强其适应性，便于在实施规划过程中可以依据环境、形势变化而做出相应调整。

4. 连续性　职业生涯规划中，每个发展阶段都应该能与其他发展阶段持续连贯地衔接。

爱吃苹果的四只毛毛虫

爱吃苹果的四只毛毛虫来到了苹果树下。第一只毛毛虫根本就不知道这是一棵苹果树，没有目的，不知终点。第二只毛毛虫知道这是一棵苹果树，找到了一个大苹果就扑上去大吃一顿，但它发现要是选择另一个分枝，它就能得到一个大得多的苹果。第三只毛毛虫知道自己想要的就是大苹果，并制订了一个完美的计划，最后，这只毛毛虫应该会有一个很好的结局，但是真实的情况往往是：毛毛虫的爬行速度相当缓慢，当它抵达时，苹果不是被别的虫捷足先登，就是苹果已熟透而烂掉了。第四只毛毛虫做事有自己的规划，它的目标并不是一个大苹果，而是一朵含苞待放的苹果花；它计算着自己的行程，结果它如愿以偿，得到了一个又大又甜的苹果。

问题： 1. 如果你是毛毛虫，你属于哪一种？
　　　 2. 如果可以选择，你最想做哪一只毛毛虫？为什么？

二、职业生涯规划的意义

（一）帮助我们明确自我发展方向

只有职业发展目标明确并不懈追求的人，才有可能成为成功者。目标是对活动预期结果的主观设想，是在头脑中形成的一种主观意识形态，是想要达到的境地或标准，也是活动的预期目的，为活动指明方向。目标是需要通过努力、有步骤地去实现的，和目的有所不同；目的则相对来说更加具有即时性，往往加入了自己的动机，更加具体化。目标明确会让自己少走弯路，更快地实现职业理想。

中职生进入学校后，应从所学专业的实际出发，在真正了解自己、了解所学专业、了解即将从事的职业的基础上，确立既实事求是、又催人奋进的职业发展目标，制定切实可行的职业发展措施，为获得成功的职业生涯做好准备。

（二）帮助我们发掘潜能完善自己

职业生涯规划有利于发掘自我潜能，提高自身能力。通过职业生涯规划，在充分认识自我的前提下，重新对自己的价值取向进行分析和定位，并使其持续增值；促使自己对自身的综合优势与劣势进行对比梳理，找到个人目标与现实的真正差距，定位前瞻与实际相结合的职业，搜索或发现新的或有潜力的职业发展机会，进而发掘自身潜力，积极参加竞争，不断提高自身素养，为拥有一个成功的未来而奋斗。

（三）帮助我们适应社会转换角色

通过职业生涯规划可以广泛地了解关注社会，充分认识当前职业的需要和发展，较好地定位适合自己的职业发展，并在学习、生活中进行角色转换。

案例 1-7　小 D 的职业生涯发展及角色转换

小 D 如今是某知名艺人的最佳拍档。小 D 的歌词充满画面感，在传统歌词创作的领域中独树一帜，如今已经是华语乐坛优秀词作人之一。但实际上小 D 是电子专业毕业，原来的理想是做一位优秀的电影编剧，进而成为电影导演。为了圆梦，小 D 苦苦打拼。他做过推销员，还曾帮别人送过外卖、送过报纸，做过中介、安装管线工。在打工的同时，他花大量时间创作歌词 100 多首，并集成文稿，再把文稿寄出……直到被发掘并赏识，通过写歌词这个渠道，最终进入电影圈。

问题：1. 小 D 的职业理想是什么？他是如何进行社会角色转换的？
2. 看到小 D 的成功之路，你有什么感悟？

三、中职生职业生涯规划的特点

中职生职业生涯规划除了具备上述职业生涯规划特点外，还有其自身的特点。中职生正处在职业准备时期，主要任务是学习专业知识和技能，培养以敬业精神为核心的人文素质和以专业技能为核心的职业素养。只有在充分了解中职生职业生涯规划特点的基础上，才能切实制定一份实用的职业生涯规划。

1. 以紧密结合所学专业为前提　中职生毕业后是初次就业，其职业生涯规划大多数是紧密结合所学专业进行规划的。跨进校门就已进入职业准备阶段，不可忽视职业意识。中职生立足于所学专业，为确立适合自身条件的首次就业多做准备。因此，职业定位和职业选择大多数应紧密结合其所学专业来考虑，其职业生涯规划应紧贴专业学习。

2. 以获得就业岗位为目标　我们就读中职学校的目的就是为了有一技之长，毕业后能获得就业机会。中职生的职业生涯规划应根据行业、企业对从业者的知识、技能和素养要求，确定调整职业生涯规划目标，用职业岗位标准来规范自己的行为，刻苦学习专业知识，强化专业技能实践，不断提高自身的职业素养和职业能力，为职业生涯发展做准备。

3. 以提升综合素质为宗旨　综合职业能力是中职生的职业素质在能力上的集中和综合表现，是多种能力的组合。中职生职业生涯规划，除了要构建自己合理的知识结构外，还要在从事本行业岗位的综合能力上进行具体规划，要对参加社会调查、生产实习、公益劳动、社区服务等社会实践和职业活动进行阶段性规划，在职业活动中提高自己的社会适应能力。

4．以终身学习为理念　中职生的职业生涯规划，是为终身可持续发展打好基础的规划。不断更新知识和技能是职业生涯可持续发展的必要条件。在进行职业生涯规划的过程中，随着目标、方法的明确，自信心的建立，慢慢就会从过去无目标的学习向有目的的学习转变，由被动学习慢慢向主动学习变换。终身学习是适应社会发展和实现个体进步的需要并贯穿于人的一生的理念。

5．以利于发挥特长为原则　中职生制定职业生涯规划过程中，要立足于发挥自身特长，一定要结合个人的特点，不同的职业对人的要求不一样，不能盲从。要与自己的个性倾向、个性心理特征及个人能力特长等方面相结合，通过职业生涯规划相关的测评，认清自己，明确自身特点，准确定位，充分发挥自己的优势，结合自身特点才能体现人尽其才、才尽其用的要求。

小结

职业是人们利用专门的知识和技能，为社会创造物质财富和精神财富获取报酬，并满足精神需求的工作。中职生在校学习，要明白职业能为人们提供广阔的就业、择业和创业平台，正确选择适合自己的职业，建立起职业自信，树立职业理想，科学地规划自己的职业生涯，确定职业前进目标，才能更好地展示自己美好而绚丽的将来。

自测题

选择题（A₁）

1．不属于职业的特性是（　　）
　A．开放性　　　　B．社会性
　C．功利性　　　　D．技术性
　E．时代性

2．不属于职业理想的特点是（　　）
　A．发展性　　　　B．功利性
　C．时代性　　　　D．社会性
　E．个体差异性

3．不属于职业理想对人生发展的作用是（　　）
　A．导向作用　　　B．调节作用
　C．激励作用　　　D．定位作用

4．职业生涯规划的划分可按期限分类，不属于其中的是（　　）
　A．短期规划　　　B．中期规划
　C．长期规划　　　D．人生规划

5．中职生职业生涯规划的特色中没有的是（　　）
　A．紧密结合所学专业，积极做好职业准备工作
　B．以获得就业为主目标
　C．应利于发挥特长
　D．帮助中职生积极适应社会转换角色

6．不属于职业生涯规划的特性是（　　）
　A．可行性　　　　B．适时性
　C．适应性　　　　D．连续性

E．规范性
7. 著名妇产科专家林巧稚的事迹给我们职业生涯规划上最好的启发是（　　）
   A．从小要有职业理想
   B．切实做好职业生涯规划
   C．不远千里参加协和医学院入学考试
   D．做好长期职业生涯规划
8. 小 D 的事例给我们在职业生涯规划知识方面最好的启迪是（　　）
   A．目标明确地走自己的职业生涯之路
   B．职业生涯规划有时代性
   C．职业生涯规划有现实性
   D．职业生涯规划应考虑自己的特长和爱好
9. 下面他们所做的属于职业的是（　　）
   A．小李从农村来到城市，通过劳动服务公司介绍成为给居民住户做家政服务的小时工。
   B．刘某为一家旅游公司在街头发放、张贴小广告
   C．周某刻图章、做办证业务，什么证章都给刻，什么证都给办
   D．王老板开了个印刷厂，专门印刷盗版书籍，牟取利益。
10. 下列说法属正确的选项是（　　）
    A．中职生的职业生涯规划期限适宜中期规划，一般为 3～5 年。
    B．中职生的职业生涯规划期限适宜长期规划，一般为 10～20 年。
    C．中职生的职业生涯规划期限适宜短期规划，一般为 3 年以内。
    D．中职生的职业生涯规划期限越长越好。

（周　伟　赵晓波　刘　晓）

第2章 关注环境 抓住职业生涯发展机遇

你知道吗,你的职业生涯和你所学的专业相关,你的职业生涯规划与你的未来职业岗位群相连,你的职业生涯发展与你的家庭状况、所在区域经济发展和行业发展都有着密不可分的联系。职业生涯发展有机遇,也有条件。只有认知外部环境因素,把握职业生涯发展的机遇,才能实现我们中职生"天生我才必有用"的梦想。

第1节 认知专业及对应职业岗位群

案例 2-1 小乔要初中毕业了,根据自己的实际情况和家庭状况,经与家人商量后,决定学一门技术,今后找一个理想的工作。恰逢有中职学校招生,在收到某中职学校的招生简章,浏览到学校专业设置一栏时,小乔觉得茫然,并提出了心中的疑问。

问题:1. 专业是什么?
2. 所学的专业就是今后从事的职业吗?

一、专业与职业

(一)专业是学业门类

1. 专业的含义 专业这个词对于初上职业学校的学生来说是陌生而新奇的。职业教育与普通教育的最大区别就是以特定的职业技能学习为主。学习某种特定的职业技能,首先要选择特定的专业。在专业学习中,培养某种专业核心能力,达到某一专业要求的职业岗位标准,为今后求职就业做好准备。

专业的释义有广义和狭义之分。

(1)广义的专业:是指人类社会科学技术进步、生活生产实践中,用来描述职业生涯某一阶段、某一人群,用来谋生,长时期从事的具体业务作业规范。

(2)狭义的专业:是指在中等专业学校里,根据科学分工或生产部门分工把学业分成的门类。

中职教育的专业具有明显的技术性和职业性,不同的专业有不同的人才培养目标和培养规格,有各自的专业培养计划和方案。

2. 中等职业学校专业设置　中等职业学校专业设置是有标准的，必须是按照教育部下发《中等职业学校专业目录》设置专业。必须经过行业、企业、就业市场调研；做好人才需求分析和预测；进行专业设置必要性和可行性论证；具备开办专业的软硬件条件才能开设。也就是说不够设置条件是不允许开设专业的。中职学校专业设置有三级，即专业大类、专业、专门化方向。

> **知识链接**
>
> 2010年教育部以服务为宗旨，以就业为导向，从有利于学生就业和职业生涯发展角度，对中职学校专业设置作了重新调整并颁布了《中职学校专业设置目录》（中职专业大纲），规定中职学校专业设置共分19个类别，下设321个专业。新颁布的《中等职业学校专业目录》中，医药卫生类列第10类，有护理、助产、农村医学、药剂等28个相关专业。

（二）职业是工作门类

1. 职业的含义　是指一个人所从事的具体工作的种类。职业建立在一技之长的基础之上，是具有专门技能的工作。一种职业应体现从事该职业的人员的经济状况、文化水平、行为模式、生活方式、社会地位、社会影响力、社会价值等多个方面。由于职业是社会分工的产物、人们通过从事某种职业而获得稳定的收入、不同职业有不同的技术含量，因而职业具有社会性、经济特性和技术特性。

2. 专业与职业的关系　专业是学业门类，职业是工作门类。那么，学业（即专业）的完成意味着工作（即职业）的开始，它们呈递进关系。专业水平在一定程度上决定了自身的职业方向，而职业的发展需要具有某种且达到一定水准的专业知识和专业技能。一个专业可选择多种职业，同时，一种职业要求多种专业技能。由此可见，专业的选择对将来的职业发展有一定的决策倾向（图2-1，图2-2）。

图 2-1　护理专业的学生在上技能课

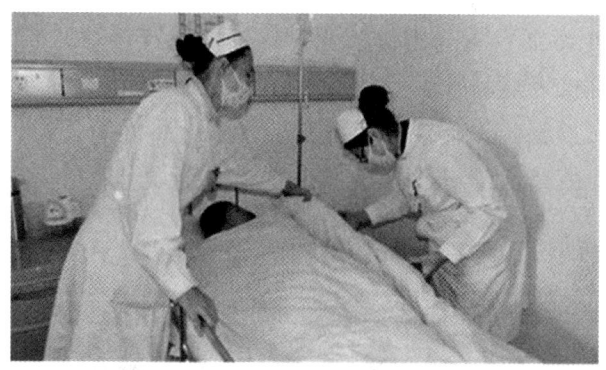

图 2-2　医院护士在护理病人

中职三年的学习时光是我们人生中最宝贵,也是最重要、最关键的时期。专业选择是你在校期间的专业学习乃至你今后职业生涯发展的基础,而职业目标则是你专业学习的动力和努力方向。

知识链接

专业选择的重要性

专业与职业的关系告诉我们,专业选择在学业规划与职业决策中非常重要,学什么(即专业的选择)是第一重要的问题,这就像工厂在开办之前首先要考虑生产经营什么一样。专业的选择取决于个人在分析自身资源优势和环境因素之后的判断。

问题:1. 你为什么选择了现在学习的专业?
　　　2. 你知道你所选择的专业与你将来的职业的关系吗?

二、中职学校医药卫生类专业的培养目标及课程设置(部分)

2014 年教育部公布《中等职业学校专业教学标准》,对中职学校培养什么样的人才,具备哪些知识、能力及设置什么样的课程等方面进行了全面规范和要求。《中等职业学校专业教学标准》既是评价教学质量的标尺,同时也是用人单位选用中职学校毕业生的重要参考。《中等职业学校专业教学标准》(医药类)对医疗卫生类学校各个专业培养目标、课程设置做了明确规定。

知识链接

专业培养目标

中职学校专业培养目标即是对本专业培养人才的方向定位。不同的专业培养目标不同。培养目标的具体化体现在专业培养规格上的质量标准不同,即不同专业要求培养人才的职业素养和职业能力不同。

(一)护理专业

1. 培养目标 本专业坚持立德树人,面向医疗、卫生、康复和保健等机构,培养从事临床护理、社区护理和健康保健等工作,德智体美全面发展的技能型卫生人才(图2-3)。

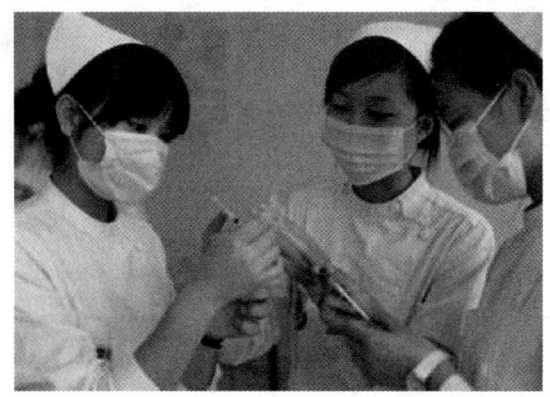

图2-3 临床护士

2. 课程设置(表2-1)

表2-1 护理专业课程设置

课程结构		课程设置
公共基础课		职业生涯规划、职业道德与法律、经济与社会、哲学与人生、人际沟通、语文、数学、英语、计算机应用基础、体育与健康
公共选修课		心理健康、医用化学基础、心理学基础、文化与风俗、人际沟通等
专业技能课	专业核心课	解剖学基础、生理学基础、药物学基础、护理学基础、健康评估、内科护理、外科护理、妇产科护理、儿科护理
	专业技能方向课	急救护理技术、重症监护技术、社区护理、健康教育、老年护理、老年保健
	专业选修课	护理伦理、卫生法律法规、病理学基础、病原生物与免疫学基础、精神护理等

(二)助产专业

1. 培养目标 本专业坚持立德树人,面向医疗和妇幼保健等机构,培养从事临床助产和母婴护理保健等工作,德智体美全面发展的技能型卫生专业人才(图2-4)。

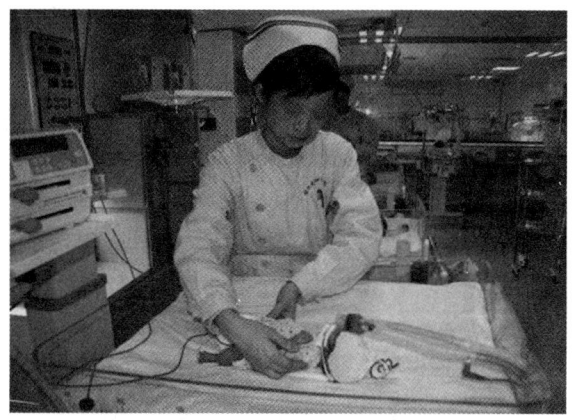

图 2-4　助产护士

2. 课程设置（表 2-2）

表 2-2　助产专业课程设置

课程结构		课程设置
公共基础课		职业生涯规划、职业道德与法律、经济与社会、哲学与人生、人际沟通语文、数学、英语、计算机应用基础、体育与健康、历史
公共选修课		心理健康、医用化学基础、心理学基础、文化与风俗、人际沟通等
专业技能课	专业核心课	解剖学基础、生理学基础、药物学基础、基础护理、健康评估、产科学基础、助产技术、母婴护理、儿童护理、成人护理
	专业技能方向课	母婴保健、遗传与优生
	专业选修课	营养与膳食、健康教育、护理管理、护理伦理、中医护理等

（三）农村医学

1. 培养目标　本专业坚持立德树人，面向农村基层医疗卫生机构，培养从事常见病、多发病的医疗服务、公共卫生服务、健康管理及康复指导等卫生工作人员，德智体美全面发展（图 2-5）。

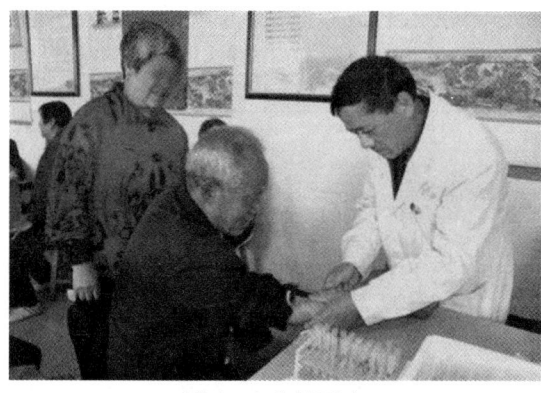

图 2-5　乡村医生

2. 课程设置（表2-3）

表2-3　农村医学课程设置

课程结构		课程设置
公共基础课		职业生涯规划、职业道德与法律、经济与社会、哲学与人生、人际沟通、语文、数学、英语、计算机应用基础、体育与健康、历史
公共选修课		心理健康、心理学基础、文化与风俗、人际沟通、文化风俗等
专业技能课	专业核心课	解剖学基础、生理学基础、药物学基础、诊断学基础、内科疾病防治、外科疾病防治、妇产科疾病防治、儿科疾病防治、公共卫生学基础、急救医学基础、康复医学基础
	专业选修课	病原生物与免疫学基础、病理学基础、中医药学基础、针灸推拿技术、常用护理技术、农村常用医疗实践技能实训、精神病学基础、实用卫生法规、五官科疾病防治等

（四）药剂专业

1. 培养目标　本专业坚持立德树人，面向医药商业和药品生产企业，培养从事药品采购、储存、物流管理、销售、咨询，面向医疗机构，从事处方调剂等工作人员（图2-6）。

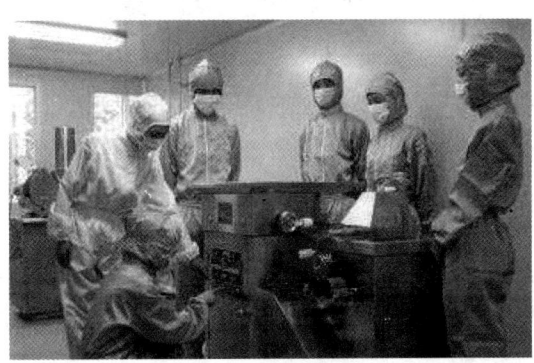

图2-6　药剂士

2. 课程设置（表2-4）

表2-4　药剂专业课程设置

课程结构		课程设置
公共基础课		职业生涯规划、职业道德与法律、经济与社会、哲学与人生、语文、数学、英语、计算机应用基础、体育与健康、历史、医用化学基础、公共艺术
公共选修课		心理健康、人际沟通等
专业技能课	专业核心课	医学基础、微生物基础、中医药基础、药事法规、医药商品基础
	专业技能方向课	
	药品营销方向	医药电子商务技术、医药商品购销与储运实务、药店零售与服务技术、医药企业经济核算、医药市场营销技术、商法实务、药物制剂基础

续表

课程结构		课程设置
专业技能课	药品物流方向	医药物流实务、药品储存与养护技术、医药配送中心管理实务、医药商品经营与管理、药物制剂基础、医药市场营销技术
	临床药剂方向	药品调剂技术、药物制剂技术、药品检验技术、药品储存与养护技术、临床医学概要、药理学、药品分析基础
	专业选修课	商务礼仪与沟通、药店公共事务管理、药店顾客服务、临床合理用药、营养与疾病、药膳基础知识等

作为中职生，我们要处理好学校文化课与专业技能课的关系。与其他教育相比较，职业教育在课程设置上，侧重于实践技能和实际工作能力的培养，但并不意味着文化课不重要。许多学生进入职业学校后就把目光盯在专业课的学习上，忽视对文化素质的基本要求，结果造成很多毕业生文化基础越来越薄弱，制约了个人更好地发展。其实，职业教育中文化课与专业课是相辅相成的。我们需要职业学校的学生具备的"能力"不仅是单一的岗位能力，更应是职业岗位群能力；不仅是专项能力，更应是综合职业能力；不仅是操作性技能，更应是智能化技术；不仅是就业能力，更应是较强的创业能力。宽厚的文化基础是培养扎实专业技能的前提，也是终身学习和职业生涯可持续发展的必要条件。

三、专业与对职业岗位群

（一）专业与职业岗位群

1. **职业岗位群** 职业岗位群顾名思义就是和职业相关的岗位群体，指包括与职业岗位互相联系的一个职业系统。从字面上讲，职业岗位"群"，就意味着有若干个职业岗位可供发展和选择。

2. **专业与对应职业岗位群划分** 每个专业都有与之对应的职业岗位群，从宏观上分，专业对应的职业岗位群有两类。

（1）横向职业岗位群

案例 2-2 小钟在某卫生学校药剂专业毕业后进一家制药厂工作，担任药品质量检验员。有了三年的工作经验后，他并不满足于现在的工作，恰逢厂里销售部招聘工作人员，他毛遂自荐做了药品营销工作。有着扎实药学知识的他，对营销有着极高的悟性，辛勤肯干，很快销售业绩遥遥领先，被厂里任命为销售部大客户部负责人。

问题：1. 小钟是转行了吗？
2. 小钟成功的经验告诉我们什么？

横向发展的职业岗位群（图 2-7）是指第一次就业择业面的拓展或者今后可能转岗的职业。如护理专业对应的横向职业岗位群是临床护理（内科护理、外科护理、妇产科护理、儿科护理、急救护理等）、社区护理（母婴保健、儿童保健、老年保健、康复保健等）及老年福利护理（老年保健、康复保健、营养保健）等。

图 2-7　横向发展的职业岗位群

由于专业与职业岗位存在不完全对接的可能，所以横向发展的职业岗位群面很宽，跨越原本的专业对应职业岗位群发展的可能性也存在，这取决于职业发展的机遇和环境，当然，也取决个人努力学习、职业素养和综合能力。

（2）纵向职业岗位群

> **案例 2-3**　小张在某卫生学校毕业后，应聘进医院当护士，她在学校里是学生会副主席，曾荣获省中职学校学生技能大赛二等奖，是品学兼优的好学生。到工作岗位后，小张虚心学习、勤奋努力，一年试用期后，被调到医院 ICU 病房工作，并因她组织能力和综合素质出众，被任命为医院团委干事。三年后小张被提拔为医院团委副书记。她的职业理想是成为护士长，为病人解除病痛。面对未来，张莉信心满满。
>
> 问题：1. 小张的进步有哪些方面？
> 　　　2. 小张的进步对你有哪些启发？

纵向职业岗位群（图 2-8）是指某一职业岗位的技术或职务、职位的提升和延伸。这是职业岗位潜在的发展空间。一般指专业技术等级、专业职称或职级由低向高的提升。如从职称上说，护理专业的学生，刚毕业时有可能从医院的导诊起步，随后从初级护士一步一步成长为初级护师、中级主管护师，经过努力还有可能成为副主任护师、主任护师等。

纵向职业岗位群分为两类。一是指个人技术等级

图 2-8　纵向发展的职业岗位群

或业务职称的发展；一是指个人行政职级、职务或角色的转换的进步。无论是个人技术等级或业务职称的发展中职医学类专业对应岗位群还是个人行政职级或职务的进步，都离不开个人职业素养的提高。作为中职生，想要自己的职业生涯有所发展，应该懂得"你若盛开，蝴蝶自来"的道理。所有的机会只能是给有准备的人，做自己每个发展阶段学习、进步的"有心人"。我们要立足当下，放眼未来，树立职业理想，树立终身学习意识，提高自己的专业技能和综合素质，为将来能在职业生涯中纵深发展做好准备。

（二）中职卫生类部分专业对应职业岗位群（表2-5）

表2-5 中职卫生类部分专业对应职业岗位群

专业	职业岗位群	职业岗位
护理	横向岗位群	医院内、外、妇、儿、门诊、急诊、ICU等临床护士、卫生学校护理专业实验员、社区健康教育者、康复中心护理师
	纵向岗位群	护士、护师、主管护师、副主任护师、主任护师
助产	横向岗位群	医院、妇幼保健院产科护士、助产士、社区健康教育者、康复中心护理师、育婴师、保健产品顾问
	纵向岗位群	护士、助产士、护师、主管护师、副主任护师、主任护师
药剂	横向岗位群	医院药剂师、药检人员、药品营销人员
	纵向岗位群	药剂士、药剂师、主管药师、副主任药师、主任药师
农村医学	横向岗位群	乡村医师、基层卫生机构从事医疗、预防、药店经营等岗位
	纵向岗位群	执业助理医师

知识链接

护士帽上的标志

你知道吗，护士帽上的标志是有含义的。普通护士帽上是没有标志的。护士帽上标志分为斜杠和横杠。斜杠是职称标志：一杠是护师、二杠是主管护师、三杠是高级护师。横杠是行政职务标志：一条横杠是病区护士长、二条杠是科护士长、三条杠是护理部主任。

我们在学校期间，应当了解所学专业对应的职业或职业群是什么，了解每个职业所需要的专业知识和职业技能有哪些，在确定专业方向后，尽可能确定适合自己发展的职业目标，并根据具体职业目标的标准要求，有目的、有计划地进行专业学习和技能训练。职业目标确立越早、越明确，越有利于合理规划学习内容和技能训练，也越有利于将来成功走向职业岗位。

第2节 职业资格证书是职业生涯的"敲门砖"

一、有些职业是有门槛的

（一）职业准入制度

职业准入制度是指根据我国《劳动法》和《职业教育法》规定，要求从事技术复杂、通用性广、涉及国家财产、人民生命安全和消费者利益的职业（工种）的劳动者，必须经过培训，并取得职业资格证书后才能上岗的制度。职业准入制度的实施，有利于规范劳动力市场，优化从业者的素质结构。要在实施职业准入制度的行业就业，必须取得相应的职业资格证书，获得职业资格。如果没有取得证明自己职业技能和水平的职业资格证书，按规定就不能从事有准入制度的行业工作。

医疗卫生行业是我国最早实施职业准入制度的行业，1993年《中华人民共和国护士管理办法》（以下简称《办法》）颁布，规定"凡申请护士执业者必须通过卫计委统一执业考试，取得《中华人民共和国护士执业证书》"。《办法》要求护士执业除具有合格的学历外，还必须通过卫计委统一护士执业考试，取得《证书》，经注册后，方可从事护理工作。2008年国务院又颁布《护士条例》，完善护士准入制度，从立法层面维护护士合法权益，明确义务。

> **知识链接**
>
> **医疗卫生行业需要持证上岗（从业）的工种**
>
> 卫生技术人员包括各科各类医师、注册护士、药师、医学检验技师、医学影像技师等，各类技师必须持有专业技术资格证书方可上岗。此外，2007年对护理、病案、配膳、医院收费、卫生检验、西药药剂、中药药剂、消毒、防疫、妇幼保健、医用气体、口腔修复、医院污水处理、医学实验动物饲养、发射疗法师15个特殊工种实行准入制，没有职业资格证的不能上岗。

（二）职业资格证书制度

1. **职业资格** 职业资格又称从业资格，是对从事某一职业的劳动者在知识、技术和能力方面的基本要求。它是衡量劳动者具备某一职业基本要求的重要尺度。

我国由国务院劳动人事行政部门及其委托的机构，通过学历认定、资格考试、专家评定、职业技能鉴定等方式对劳动者的职业资格进行评定。经过评定合格的劳动者，可获得职业资格证书。可见职业资格证书是表明劳动者具有从事某一职业所需的知识和技能的证明。

职业资格分为从业资格和执业资格。从业资格是指从事某一专业（工种）学识、技术和能力的起点标准，例如教师资格、护士资格等。执业资格是指政府对某些责任较大，社会通用性强，关系国家、公共利益的专业（工种）实行准入控制，是依法独立开业或从事某一特定专业（工种）学识、技术和能力的必备标准，如执业医师、执业药剂师、注册会计师等。

知识链接

职业资格如何评定

职业资格考试和职业技能鉴定是进行职业资格评定的主要方式。职业资格考试一般分为笔试和口试，同时还有多种多样的实际操作考核。职业技能鉴定是由政府直接组织或政府授权的考核鉴定机构对劳动者基于技能水平要求而进行的考核活动。考核结果分为五级：初级技能（国家职业资格五级）、中级技能（国家职业资格四级）、高级技能（国家职业资格三级）、技师（国家职业资格二级）、高级技师（国家职业资格一级）。

2.职业资格证书制度　职业资格证书制度是指按照国家制定的职业技能标准或任职资格条件，通过政府认定的考核鉴定机构，对劳动者的技能水平或职业资格进行客观公正、科学规范的评价和鉴定，对合格者授予相应的国家职业资格证书的制度。职业资格证书制度是我国劳动就业制度的一项重要内容，也是一种特殊形式的国家考核制度。

职业资格证书是用人单位招聘、录用劳动者的主要依据；是劳动者求职、任职、开业的资格凭证；是劳动者走向职业岗位的"通行证"；是通向职场大门的"敲门砖"。中职学校实行学历证书和职业资格证书并重，是职业教育自身的特性和实现培养目标的要求，是贯彻"以就业为导向"的办学理念、提高毕业生就业率的重要手段和措施。职业资格证书对于国家规定就业准入的行业来说至关重要。

知识链接

我国职业准入制度改革

我国从1994年开始实行职业资格制度。目前，人力资源和社会保障部及相关行业主管部门建立的专业技术人员职业资格有47项，其中准入类23项，水平评价类24项。新一届政府把简政放权作为一件大事，减少职业资格许可和认定工作是简政放权的重要内容。目前，这项改革正在加速推进。2015年11月，人力资源社会保障部对原劳动保障部《招用技术工种从业人员规定》予以废止。这一政策的颁布，意味着对没有法律依据的准入类职业，社会组织和用人单位不得实行就业准入，不得要求劳动者持证上岗。但涉及公共安全、人身健康、人民生命财产安全、食品安全等行业必须有准入要求。

医疗卫生行业的绝大部分职业和岗位都实行职业准入制度，都要求劳动者持有职业资格证书才能上岗。为了今后能顺利实现就业，增强在就业中的竞争力，毕业时，我们除了要获得学历证书，还应努力获得相关的职业资格证书。

3. 学历证书与职业资格证书　学历证书俗称"毕业证"。是由教育部门颁发的，个人接受教育的年限、所具有的文化、学业程度的证明。当一个人按期完成某类正规教育、考试合格后，就会获得学历证书。

职业资格证书是由人力资源部或其委托部门颁发的，具备从事某职业知识、技术、能力的一种资格证明（图2-9）。

图2-9　职业资格证书与学历证书

学历证书是学业的证明，而职业资格证书是职业能力的证明。现在很多中职学校进行人才培养模式的改革，实行双证制或多证制，规定和鼓励学生在获取学历证书的同时，考取专业对应的或相应的职业资格证书。

对于有准入规定的职业，职业资格证书是求职就业的准入证，是行业、企业招聘、录取人才的主要依据，是求职者胜任岗位的标志，不可或缺。随着社会经济发展，行业、企业对复合型技能人才需求增加，"一专多能"型人才备受青睐。过去有句话叫"艺多不压身"，用在现在求职的现状，就变成了"证多不压身"。如果我们中职生能在具有学历证书的基础上，获取相应的职业资格证书，做到"人无我有，人有我多"，那么在就业时，就会有更多的机会。

二、医学卫生类专业对应的职业资格证书

案例 2-4　蔡红2009年从卫生学校护理专业毕业，先后参加专业职业技能鉴定后考取养老护理员资格证书，参加全国护士执业资格考试，获取护士执业资格证后，应聘于一家医院做临床护士。五年后，蔡红考取护师。

问题：1. 护理专业对应的职业资格证书有哪些？
　　　2. 蔡红的经历对你有什么启发？

（一）职业资格证书的分类

国家通用的证书分三类。

1. 从业职系的执业资格证书　取得从业职系的执业资格证书，就等于迈进了该职业的门槛，可以从事该职业的工作，但并不表示水平的高低，只是取得资格。一定的时间内要进行复审，才能继续工作，超过时间不复审就会失效，需要重新取证才能继续工作。执业资格证书一般由人力资源与社会保障部门或业务主管部门颁发。如汽车驾驶资格证、会计从业资格证、护士执业资格证、爆破操作证、氧焊电焊切割证、起重机操作证等。

2. 行政管理职系和专业技术职系的职称证书　行政管理职系和专业技术职系的职称证书，必须经过学历认证、通过从业资格考试，才能获得。一般由人力资源与社会保障部门颁发。在取得专业职业资格证书后，可以逐级晋升。这种证书一般分为初级、中级、高级、副高、正高级，表示管理或专业技术水平的高低。如职业学校中专系列教师专业技术职称证书有教员、助理讲师、讲师、高级讲师。

3. 职业技能职系技能证书　是以技能为主的职业资格证书，表示职业技能水平的高低，一般由人力资源与社会保障部门或业务主管部门颁发。按国家技能标准，通过职业资格鉴定考核的形式进行。也不需要复审，永远有效。分初级、中级、高级、技师、高级技师五个级别。技能职系是我们国家最庞大的技能队伍，目前国家第一批公布的职业水平评价类有229项，1000多个工种（图2-10）。

 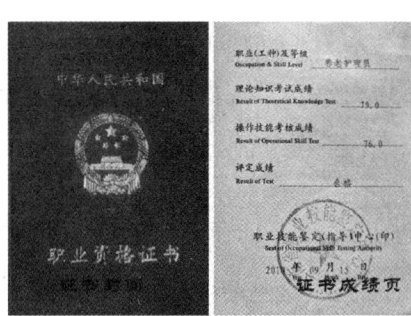

图2-10　职业资格证书与技能等级证书

（二）与医学卫生类部分专业相关的职业资格证书（表2-6）

作为中职生要关注、了解，经过三年专业学习后，我们要考取哪些与自己学习专业相对应的职业资格证书；要想获得与自己专业相对应的职业资格证书，需要学习哪些知识和技能、做哪些准备、需要哪些条件；把考取职业资格证书列到职业生涯规划中，珍惜校园学习时光，做好规划，打好基础，等待时机成熟，一证在手，为自己的职业生涯发展创造机会。

表 2-6 与医学卫生类部分专业相关的职业资格证书

专业	专业技术职系职称资格证书			以技能职系为主的职业资格证书	以从业为职系的执业资格证书
	初级	中级	高级		
护理	护士 护师	主管 护师	副主任护师 主任护师	护理员证	护士执业资格证
助产	助产士 护士	主管 护师	副主任护师 主任护师	护理员证 育婴师证	护士执业资格证
药剂	药士 药师	主管 药师	副主任药师 主任药师	西药药剂员证 医药商品购销员证	药剂士资格证
农村医学	执业助理医师	—	—	—	执业助理医师

第 3 节 家庭、社会对职业发展的影响

一个呱呱坠地的婴儿，一片空白，如何绘就其人生画卷，是其毕生的重大课题。不同的人处在不同的环境，将会经历不同的生命历程，也受制于多种因素的影响，尤其是一个人的职业生涯更与其所在家庭、所处时代、所择行业乃至地方经济发展水平和区位经济优势休戚相关。

一、家庭因素与职业生涯规划

案例 2-5 D 教授出身于医学世家，中国工程院院士，教授、博士生导师。其父是著名儿科学家。1930 年毕业于北京某医学院，医学博士学位。曾担任过几家医院的儿科主任及医学院的儿科教授，为我国培养了许多儿科专业人才。

其子为知名医院的主任医师，国家级百千万人才，享受国务院特殊津贴，在泌尿系肿瘤的早期诊断及治疗方面贡献突出。

问题：家庭因素对职业生涯规划有影响吗？

家庭对一个人的影响是非常重要的。一个人从出生开始就在家庭的影响下生活和成长，家长是孩子的首任老师，家庭是孩子的第一所学校，长期潜移默化的影响，使孩子的价值观和行为模式都留下了家庭影响的烙印。

（一）家庭

家庭被认为是儿童、青少年发展的重要环境和影响力量。家庭是职业发展的背景。家庭环境是一种强大的力量，对一个人的影响具有启蒙性、示范性和长期性。家庭作为社会的基本组成单位，在很大程度上会影响到一个人的职业生涯规划（图 2-11）。

图 2-11　家庭

（二）家庭因素与职业生涯规划

家庭是青少年成长的摇篮。家庭成员的组成尤其是父母的婚姻状况、职业、受教育程度、社会经济地位、对子女的教育预期望等，都会直接或间接影响子女对未来职业的认知和取向。

1. 父母通常是子女职业选择的重要咨询对象　当中职学生在其生活的不同领域中需要寻求建议和指导时，他们通常会就升学、职业选择、经济问题、个人问题等征求父母的意见，谋求参考。就父母对自己职业影响的印象的调查表明：中职生在职业价值观、职业抱负和职业计划方面与父母之间有很高的兼容性，当他们需要帮助时，父母是他们最经常咨询的对象。

2. 父母对子女的期望影响子女的职业发展　研究者以美国高中学生为研究对象，考察学校、家庭环境对学生教育抱负水平的影响。研究结果发现，父母受教育水平、父母对子女的期望和父母对学习课程参与等因素，对学生未来的教育抱负水平有显著影响。学生感知父母对他们的期望越高，他们对自己将来接受教育期望就越高。其中尤以母亲的影响更为突出。父母接受教育的水平越高，子女对未来受教育的期望越高。所以家庭对子女的期望影响子女如何看待世界、怎样对待学习和考虑职业规划，特别是影响其价值取向、职业意向和为之做出努力的实际行

图 2-12　父母对孩子的影响

动。研究还表明，父母比其他成年人对青少年最终的教育与职业选择都有着更多的影响（图 2-12）。

3. 父母采用多种方法有目的地影响子女的职业发展　在传统的中国家庭，父母在子女的职业发展过程中甚至处于核心地位。他们通过奖励和惩罚塑造子女的行为规范，通过树立榜样影响子女的职业计划。父母在子女职业发展过程中扮演非常积极主动的角色，如果父母对子女的职业发展的影响是有目的、有计划和目标指向的，那么其影响是最有效的。父母运用不同类型的活动影响他们的子女的职业发展，其中最有效的方式是提供信息和给予建议，有时甚至是直接操办和干预。随着时代的变迁，子女对职业的选择及其独立性、主动。

二、行业、企业对职业生涯规划的影响

一个人职业生涯的确定，是一个复杂的系统工程，受诸多内、外因素的影响。作为中职生，在即将正式融入社会、开启自己职业大门之际，需要重点关注将来所从事

行业的总体状况尤其是发展趋势。主要包括关注该行业当前发展的水平、今后发展的潜力、出现的新技术及国家对该行业健康发展的政策倾向等。这种对行业发展的动态分析，是把握职业生涯发展机会的重要手段，也是个人职业发展规划符合经济社会发展需求的保证。

"三百六十行，行行出状元"，行业本身并无高低贵贱之分，任何行业都有出彩、成才之人，一个人能否在自己从事的行业中崭露头角，取得可喜的成绩，一方面取决于自身的能力和水平，另一方面与其是否能主动适应所处的行业和企业发展需求有着重要关系。如医药行业中的生物医疗是国家的战略性新兴产业，有业内人士分析，在未来至少10～20年的时间内，国内生物医药研发大趋势还会继续保持。例如：医护行业中的护理工作，其职能也从单纯的护理病人延伸到预防疾病、维持健康等更广阔的领域，这既是时代的挑战，也是护理专业本身发展的要求。更是护理人才迈向更广阔职业前景的机遇。现代社会的竞争，归根到底是人才的竞争，各行业各企业对员工的要求不仅仅只看员工的技能，还要看员工的道德、品质、身体素质等多个方面，进行多样化选择。

作为即将步入卫生行业的中职生，能否在自己今后从事的行业中崭露头角，取得可喜的成绩，一方面取决于自身的能力和水平，另一方面与其是否能适应医护行业和所在医院发展之需求有着重要关系。这就需要对将要加入的医护行业和医院的发展历程、所处地位、取得的成果、技术水平、人才状况、发展规划等有一个整体的认知，做到心中有数，综合权衡，通盘考虑，从而为自己的人生规划谋取一个最为适合、最有发展前景的行业和单位。

知识链接

最"美"护士潘美儿

1996年，潘美儿（图2-13）从湖州卫校毕业，被分配到浙江省皮肤病防治研究所麻风住院部，常年工作在德清县深山中。刚工作时，世俗偏见、艰苦的条件、还有那些肢体残缺、外貌变形的麻风病人，都给了潘美儿不小的压力。是选择离开，还是留下来坚守？潘美儿很快就被护理前辈们任劳任怨的奉献精神所感染，同时也被麻风病病人饱受病魔折磨的悲惨遭遇所打动。她选择了留下，并主动申请去风险最高的现症病人区承担护理工作。为了更好地护理麻风病病人，潘美儿倾注了许多心血。麻风病是一种传染病，现症病区也是最危险的地方。

图2-13 潘美儿

潘美儿带领护士、护理员为现症病人发药、清洗伤口，点眼药水是家常便饭。她带领护理为麻风溃疡病人调配消毒液、溃疡换药，并结合溃疡情况教导病人一些常用预防溃疡的方法，使许多病人养成良好的生活习惯，溃疡逐渐愈合，免除了截肢的危险。2009年，潘美儿荣获第42届南丁格尔奖，被评为浙江省最"美"护士。

三、地方经济、区域位置对职业生涯规划的作用

（一）地方经济、区域位置

地方经济也是区域经济，是特定地区国民经济整体的总称。各个地区都有其独特的自然、社会和经济条件，因而导致各地区经济发展水平、结构和布局的差异。"区域"指土地的界划，不同区域位置形成了不同的区域市场，而区域市场是建立在一定的地理与经济系统和劳动地域分工的基础之上的。劳动地域分工的水平和内容随着生产力的不断发展而不断提高和复杂化，而地理条件对劳动地域分工影响的广度与深度也是随着生产力的不断发展而变化着。而且，生产力的不断发展使商品交换及其场所的规模、类型、等级更加复杂化。不同的区域位置有着不同的政治、经济、文化和市场地位，对人才、资金等资源物资配置产生着不同的作用。如西部地区的医药经济有了长足发展。四川、重庆已成为我国中药生产大省，云南、贵州、青海、甘肃、广西等省区充分发挥当地资源优势，已成为我国民族药生产基地，促进了当地的经济发展，优化了地区经济结构，对资金和相关医护人才具有较强的吸引力。

（二）地方经济、区域位置对职业生涯规划的作用

1. 地方经济发展水平是职业生涯规划所要考虑的主要因素，在一定程度上影响着职业规划的顺利实现　从医疗市场发展的趋势来看，经济的发展和科技的进步，以及生存率的提高，护理人员在日常护理工作和突发事件的医疗救治中，发挥了重大作用。就经济发达区域而言，资金流、物资流和人流汇集，对医护人才数量的需求大大增加，素质要求相应提升，护理就业岗位将会明显增加；而对于经济发展缓慢的地区，其就业信息、岗位则相对比较少。因此，作为卫生专业的中职生在制定职业生涯规划时，必须对所处地区的经济发展现状、发展潜力和发展规划有一个总体的了解和掌握，再结合自身实际，拟定出具有针对性的职业生涯规划。

2. 区域位置的不同为职业规划带来了更多的选择，使职业规划的实现更具可行性　不同区域位置的经济社会发展，经过长期积淀，呈现了各自的特点，对各类人才的需求也就具有不同的要求。就医护行业而言，有的地方还停留在传统的看病治病、临床护理上，更多的地方普遍做到防治结合、注重保健上，还有一些地方已经跃升到康养治疗、家访随诊、精准陪护的层面。比如长三角地区是我国经济发展最快，最富有朝气和活力的地区，随着区域、城市、经济一体化进程的加快和医疗卫生事业改革的不断深入，护理工作健康稳定持续的发展也成为其发展的重点工作。

在护理人才引进，护理技术创新，培训、继续教育等方面的投资力度将进一步加大，各医疗单位对护理的质量要求和护理人员的素质要求与西南地区等其他地区相比相对更高。

3. 乡土情结可以助推职业生涯规划的顺利实施　受中国传统文化的影响，很多人都具有乡土情结，中职生也不例外。中职生生长的家乡及周边地区，是其最熟悉的地方，人际关系也集中在这里。为此，在考虑职业生涯发展时，也可充分利用人熟、地熟、情况熟的家园优势来做好规划，这样往往会收到事半功倍的效果。

因此，个人的职业生涯发展，既离不开国家经济社会的大背景，也离不开个人所在的地区经济发展的小背景。只有把个人的职业生涯发展融入到经济社会发展中，其职业发展规划才具有针对性、可行性，也才是有意义的。

小结

从初中到中职学校学习最大的变化就是专业学习。中职学校专业与课程设置是中职生职业生涯发展的起点和物质基础；职业资格证书制度是我国劳动就业制度的一项重要内容；职业生涯发展与我们的家庭状况、所在区域经济发展和行业发展都有着密不可分的联系。中职生要立足当下，放眼未来，要树立学历和能力协同发展意识，充分正确认知外部环境因素，要明确职业资格证书的重要性，为考取职业资格证书努力学习专业理论课和实践技能，为今后考取职业资格证书打下坚实基础。

自测题

选择题（A_1/A_2）

1. 在激烈的就业市场竞争中，中职生的竞争优势不是学历而是专业实践能力，而能证明这一优势的重要凭证是（　　）
   A. 毕业证书
   B. 竞赛奖励证书
   C. 职业资格证书
   D. 三好学生证书

2. 中职学校专业设置的分类（　　）
   A. 专业大类　　　B. 专门化方向
   C. 职业型　　　　D. 专业

3. 对于中职生的职业生涯来说，所学专业对应的职业岗位群有（　　）
   A. 横向发展岗位群
   B. 纵向发展岗位群
   C. 专业发展岗位群
   D. 行业发展岗位群

4. 与中职生就业相关的职业资格证书分类有（　　）
   A. 从业职系的执业资格证
   B. 行政管理职系和专业技术职系的职称证
   C. 职业技能职系技能证
   D. 工作证书

5. 中职学校专业设置有明显的（　　）
   A. 职业性　　　　B. 技术性
   C. 有用性　　　　D. 行业性

A_3/A_4 型题

小军现就读于某中职卫生学校，他勤奋好学，苦练技能。立志毕业后从事临床护理及相关工作，做一名优秀护士。

6. 小军现在就读专业对应的横向职业岗位群有（　　）

    A. 医院内、外、妇、儿、门诊、急诊、ICU 等临床护士

    B. 社区健康教育者

    C. 卫生康复中心护理师

    D. 乡村医师

7. 按我国职业准入制度和职业资格证书制度，小军从事护理职业必须考取的职业资格证书为（　　）

    A. 护士职业资格证书

    B. 药剂士职业资格证书

    C. 执业助理医师

    D. 护理员证书

（杨洁玉　许成瑶　彭丽辉）

第 3 章

剖析自我
为职业生涯发展打基础

每个人都有自己的梦想，然而，并非每个人都能梦想成真，这就是梦想与现实的距离。有没有将梦想通往现实的阶梯呢？俗话说"知己知彼，百战不殆"。对于即将走上工作岗位的中职学生来说，剖析自我，个人的职业兴趣、职业性格、职业能力，有针对性的培养职业兴趣、调适职业性格、培养职业能力就是将来求职就业的法宝。

第 1 节 职业性格与职业生涯

> **案例 3-1** 小周性格开朗、大大咧咧，小刘性格谨慎、小心翼翼，两个人都是卫生学校护理专业的学生。在学习的过程中，小周发现有些操作自己总是做不好，而小刘的每次操作都被老师当做范本在全班进行展示，小周于是认定自己不适合从事护理行业，回家跟父母说想要转别的专业进行学习。
> 问题：1. 小周是否不适合护士这个职业呢？原因是什么？
> 2. 护士这个职业在工作的过程中有别于其他职业的特殊性格需要有哪些？

一、性格与职业性格

（一）性格

1. 性格的概念　性格这个词大家并不陌生，因为在我们的日常生活中经常用它来描述或者评价别人，如"这个人性格开朗""他是一个有性格的人"等。所谓性格，是指人对现实的态度和行为方式中较稳定的个性心理特征，是我们个性的核心部分，最能表现个体之间的差异性，也就是说不同的人性格不一样。

2. 性格的结构　性格的结构十分复杂，大体包括四个方面。

（1）对现实和自己的态度的特征：如自尊或自卑、认真或马虎、谦逊或骄傲等。

（2）意志特征：如强硬或软弱、果断或犹豫等。

（3）情绪特征：如多愁善感或乐天达观、脾气暴躁或风趣幽默等。

（4）理智特征：如善于形象记忆或善于抽象记忆、独立思考或依赖他人等。

一个人的任何行为总是会表现出独特的个性特征，它是一个人世界观、人生观和价值观的集中体现。所以，要真正了解一个人，就必须要了解他的性格。

（二）职业性格

性格中与职业活动有关的那部分内容就是职业性格，它是指人们在长期特定的职业生活中所形成的与职业相联系的、稳定的心理特征。如有的人在对待自己时总是表现为自私、懦弱，以自我为中心，对待工作总是漫不经心，敷衍了事，缺乏责任感；在待人处事中总是表现出对他人漠不关心和傲慢的态度，所有这些特征的总和就是他的职业性格。

心理学家马斯顿博士创立了DISC性格分析方法，被广泛应用于职业生涯规划、招聘和团队建设中。马斯顿博士认为人的性格存在差异，所以行为方式各异，因此与之匹配的职业也不相同。DISC是dominance、influence、steadiness、compliance四个英语单词的大写首字母组合，它们分别代表支配、影响、稳定、服从四种人格特质，而每个人都是这四种人格特质的综合，当其中的一种或两种特质占优势时，会对人的性格起到主导作用，这时个体就表现为该种性格类型。如果这四种特质没有哪种特质表现突出，称之为混合型。为了更易于理解各种性格类型的特质，分别用老虎、孔雀、树袋熊和猫头鹰四种不同的动物来表示，而混合型则用变色龙表示。DISC理论来到中国之后，恰好与家喻户晓的名著《西游记》中的四个主角的特点吻合，因此将他们作为各种类型的代表人物进行分析介绍。

职业性格类型与相适应的参考职业，见表3-1。

表3-1 职业性格类型与相适应的参考职业

类型	性格特点影响型	参考职业
D型（dominance）老虎支配型	领导者——孙悟空 自信，权威，决断力高，能力强，胸怀大志，喜欢冒险，个性积极，好斗	药店店长，护士长，护理部主任，个体经营者，药品销售代表，业务主管，军人
I型（influence）孔雀影响型	社交者——猪八戒 热心，乐观，口才流畅，爱交朋友，风度翩翩，诚恳热心，表现欲强	导医，药品销售员，健康顾问，业务员，客户服务，柜台接待，美容师，化妆品推销员
S型（steadiness）树袋熊稳定型	老好人——沙僧 稳定，敦厚，循规蹈矩，平和，行事稳健，朴实，耐力强，温和善良	护士，心理辅导员，导医，社区护理员，行政人员，秘书，幼教人员，公务员
C型（compliance）猫头鹰服从型	思想者——唐僧 自律，谨慎，保守，严谨，高标准，善于分析，逻辑性强，完美主义	艺术家，作家，导演，程序员，理财顾问，证券分析师，科研人员，设计师
混合型	变色龙 中庸，圆滑，韧性极强，善于沟通，适应性强，随机应变，随遇而安	谈判专家，外交家，人民调解员，居委会工作者，房屋中介

二、职业性格对职业生涯的作用

（一）性格会影响人们的职业选择

人们在挑选职业的时候，会更喜欢那些与自己的职业性格匹配的职业，如果自己的性格和职业的要求相矛盾的时候，就会产生很大的心理冲突，直接影响到工作的积极性和主动性，会导致工作效果不佳。人们在选择职业时会不自觉地倾向选择与性格匹配的职业。例如 D 型人具有果敢、强硬、主动、爱冒险的性格特质，所以在选择职业的时候更倾向于有挑战性并能掌控全局的管理类工作或岗位，如药店店长、护士长、经理、个体经营者、律师等。

（二）性格使人们在职业活动的过程中表现出截然不同的特点

相同的工作岗位，不同性格的人来做，给人的感觉和效果是不一样的。同样是静脉注射，I 型性格的护士热情、乐观，善于营造轻松愉悦的氛围，与患者拉家常、说笑话，在患者还没反应过来的时候就完成了进针动作。C 型性格的护士安静、内向，没有多余的话，以教科书般的动作迅速进针，规范、熟练和准确无误，往往在患者还没看清楚的时候，动作就已经结束了。

（三）适合的职业性格能够促进职业人的职业生涯发展

同样的工作，不同职业性格的人来做，会有完全不同的结果；对于个人而言，又有完全不同的发展。选择了适合个人职业性格的职业，会在工作要求的基础上，根据性格的特点自由发挥个人的特长，并且有所发展，能够促进个人的职业生涯发展。

三、职业性格可以调适

（一）职业性格没有优劣之分，都有成功的可能

虽然职业与性格类型存在匹配关系，但这种联系是相对的，而不是绝对的。无论何种职业，都存在着各种职业性格类型的成功者和失败者，所以性格与职业匹配，并不表示就一定能成功，而不匹配，就一定会失败，两者之间没有必然的联系。职业性格并不能决定或者预测一个人是否事业成功。不要因为性格与职业匹配就忘乎所以，沾沾自喜，什么也不干坐等成功降临，也不要因为性格与职业不匹配，就怨天尤人，不思进取，甚至把它当作失败的借口。无论哪种职业性格类型，不管从事什么职业，没有艰辛的付出，都不可能成功。

（二）通过职业性格了解自我，完善自我

既然职业性格不能决定成功，那了解它是不是就毫无意义呢？当然不是，要知道职业性格类型虽没有"好"与"坏"之分，但每种类型都存在优势和劣势，若能合理地发挥自己的优势，正确地对待自己的劣势，扬长避短，就能在择业和工作中少走弯路，使职业发展道路更通畅。

认清自己的职业性格并不是件容易的事。在每个人的性格中都存在优点和缺点，那些表现明显的，我们心中有数，而那些表现不明显，平时没注意或者没有意识到的优缺点，怎样发现呢？我们可以通过学习职业性格理论和进行性格测试，再比照自己的行为习惯，就能把那些隐匿潜藏的优缺点找出来，使我们能更加清晰全面地认识自己。对于新发现的优点可以进一步加以巩固，发扬光大，而缺点则要想办法克服和改正。认识性格有利于反省自己的行为，提高自己的修养，使自己更加完善，也更适应职业岗位的需要。

人的性格一般成年之后才会定型，而一旦定型，就很难改变。大部分中职生现在正处于青春期向成年期转变和过渡的阶段，这个时候性格正在成型但还没有完全定型，性格仍然具有可塑性，如果能在定型之前做一些改变，对我们未来的职业生涯发展来说会非常有帮助的。

四、医护类职业性格对职业人的要求

虽然人类的性格有相同之处，职业性格也都有着共通之处，但每个职业都有其特定的职业性格要求，比如从事科学研究的职业性格需要严谨认真的态度，从事教育工作的人需要有异于常人的耐心和细心。

案例 3-2　某日中午，医院住院部病房内，一低年资护士接诊一手术患者后，发现该患者液体快滴完了，于是立即给该患者更换上一瓶液体，与她共班的一高年资护士马上就意识到：这位新护士可能不知道手术室接的液体通常不用排气管。于是赶紧跟过去，果然不出所料，新护士接完液体刚离开，病人输液管内就进了一小段空气，于是赶紧关掉补液，拿了个 7 号针头当排气管插进去并排出空气，重新调好滴速，由此避免了一宗输液并发症的发生。

问题：高年资护士的行为表现出了哪些职业特点？

医护工作的职业与许多其他的职业有共同之处，比如需要耐心、细心、责任心，但与其他职业又有许多的不同之处，比如工作时不需要凸显自己的个性等。医护工作又分为很多不同的专业，术业有专攻，同理，职业性格也有"专攻"，在不同的领域中，

又都有各自不同的适应职业性格。

第2节 职业兴趣与职业生涯

案例 3-3 李医生是北京某知名医院的中医内科专家。在她刚进入中医学院学习的时候，觉得自己难以进入学习状态。可是她即使听不明白中医学中一些课程，也没有把宝贵的时光浪费，课程一点都没有落下，照样去听。这段时间她还把兴趣转移到了历史学方面，她把一些国学和历史的课本借来，在学习课程的同时，把这些书全部看完了。她说："当我后来进入方剂学，真正跟老师做临床的时候，才发现在学校学习的中医知识不太扎实，但是整个大的框架是在我的心中搭起来了。而这时候，我在学校课余时间学习的历史和国学的知识就起了大作用，因为有这些国学、历史学习的深厚功底，加上临床实践，自己渐渐地感受到了中医学的深厚文化底蕴。"

问题：1. 李医生一开始有学习中医的兴趣吗？
2. 李医生是如何一步步培养自己对中医的学习兴趣的？

一、兴趣与职业兴趣

（一）兴趣

兴趣是一种常见的心理活动，是指人对某些特定的人、事物或者活动所产生的积极的和带有倾向性、选择性的态度和情绪。当我们遇到某件事情或某项活动，整个人变得兴奋，注意力集中，并且积极愉快地参与到其中去的时候，就说明我们对这件事情产生了兴趣。例如在上课的时候，当同学们睁大眼睛，认真听讲，还积极愉快地配合老师回答问题或做动作时，就说明同学们对授课的内容产生了兴趣。这是因为我们每个人都会对感兴趣的事物特别地关注和愿意积极主动地参与。

（二）职业兴趣

职业兴趣是指个人的兴趣在职业活动中的一种反映，是职业特点与个人兴趣相互融合后所表现出来的特殊心理现象。它主要表现为个体有从事某种工作的愿望和倾向。有的人想象力丰富，喜欢用艺术作品来表达自己的思想，他们往往对创作类的职业感兴趣；有的人喜欢支配和控制别人，他们一般会青睐管理类的职业。由此可见，个体的职业兴趣存在很大的差异，因为它的形成受到个人的爱好、性格、家庭、教育及所处的社会环境等因素的影响，具有显著的个体差异性。

二、职业兴趣对职业生涯发展的作用

> **知识链接**
>
> 美国著名的心理学家和职业指导专家约翰霍兰德（Holland）将职业兴趣分为六种类型，分别是R—现实型、I—研究型、A—艺术型、S—社会型、E—经营型、C—常规型。
>
> 1. 现实型（R） 喜欢从事使用工具、机器，需要基本操作技能的工作。对要求具备机械方面才能、体力或从事与器械、工具、植物、动物相关的职业有兴趣，并具备相应能力。感兴趣的职业：摄影师、制图员、木匠、厨师、技工和修理工等。
>
> 2. 研究型（I） 喜欢独立而富有创造性和挑战性的研究性工作，喜欢逻辑分析和推理，运用理论思维或数理统计去探讨未知的领域，他们通常倾向于通过思考、分析解决难题。感兴趣的职业：电脑程序员、科研人员、医生和教师等。
>
> 3. 艺术型（A） 喜欢从事运用文字、肢体、声音、颜色和造型等形式来体现艺术性和创造性的工作。感兴趣的职业：诗人、作家、编剧、歌手、乐手、作曲家、演员、导演、设计师、雕刻家、建筑师和摄影家等。
>
> 4. 社会型（S） 喜欢以人为对象的工作，他们善于言谈，同情心、责任心较强，对待工作热情、耐心，并且善于合作。适合从事咨询、培训、辅导类工作。感兴趣的职业：教师、导游、医生和护士等。
>
> 5. 经营型（E） 喜欢管理、领导他人，支配欲望强，热衷于金钱和权力，这类人通常口才很好。感兴趣的职业：个体经营者、企业管理者、律师、推销员和广告宣传员等。
>
> 6. 常规型（C） 喜欢待在室内，乐于整理和安排事务，喜欢系统有条理的工作，喜欢同文字和数字打交道，工作仔细、有毅力。对社会地位、社会评价比较在意，通常愿意在办公室里做一般事务性的工作。感兴趣的职业：会计员、出纳员、办公室职员、秘书、计算机操作员和打字员等。

我们在找工作时，往往会下意识地搜寻与自己职业兴趣有关的职业。这是因为在影响个人职业生涯规划与发展的众多主观因素中，兴趣起着非常重要的作用，它能使人对工作充满激情，自觉克服各种困难，积极主动地投入到工作中去，努力争取成功。

（一）职业兴趣是职业选择的重要依据

兴趣是最好的老师，兴趣是成功的前提，成功是热爱的结果。一个人只有对自己从事的职业有执着的、浓厚的兴趣，对自己的专业产生热爱的感情，才能主动地、积极地、创造性地学习和工作，才有可能达到较深的造诣和取得创造性的成就。

一个对自己专业或工作毫无兴趣的人，即使再怎么聪明能干，如果缺乏对工作的热情，不愿意自觉和主动地去追求新的成就，则不可能在本专业或本行业中有所建树，最终虚度了光阴、浪费了才干。因此，职业兴趣是中职生职业选择时需要考虑的重要因素。只要条件允许，就要尽量选择自己感兴趣的职业。

（二）职业兴趣是职业成功的主要动力

职业兴趣不但会影响人们选择职业，而且还会影响到人们在工作时的情绪和工作的效果。从事感兴趣的工作时，人们的情绪会处于愉快、兴奋、满足的状态，工作的热情和积极性会被充分激发出来，工作效果显著；而如果从事的是不感兴趣的工作，则会感到索然无味，容易产生沮丧、烦躁、失落等消极的情绪，这些负面情绪会导致工作懒散、拖沓和效率低下。

有研究表明，如果一个人从事他感兴趣的工作，可以发挥他大部分的才能，并且可以长时间保持高效率而不感到疲劳；如果从事不感兴趣的工作，则可以发挥的才能则很少，并且工作效率低而且容易感到疲劳。

因此在选择长期稳定的职业时，不仅需要知道自己有能力从事什么样的工作，更重要的是需要知道自己对哪类工作感兴趣，只有将能力和兴趣结合起来才更有可能规划好职业生涯并取得成功。

（三）职业兴趣是职业稳定的关键因素

一个人能够从事自己感兴趣的职业，不仅能给个人带来满足，而且兴趣会成为一种巨大的内驱力，使人能更好地完成工作，让工作单位领导和同事感到满意，并由此导致工作的长期性和稳定性。而如果一个人对自己的职业不感兴趣，即使他在现有的工作岗位上取得了不俗的成绩，也不会感到真正的幸福和满足，一旦有合适的机会，他们往往会毅然辞职去做他们想做的事情。中职生择业时要尽量选择那些与自己的职业兴趣特点匹配的专业或工作，这样可以有效避免求职中的冲动与盲目行为，提高求职的成功率和就业的满意度，进而增强职业的稳定性。

三、职业兴趣可以培养

职业兴趣可以通过有意识的训练与实践逐步培养。

（一）努力发掘工作中的乐趣和美好的东西，增加对职业的认同感

案例 3-4 小枫中考时发挥失常，没有考上心仪的高中，无奈之下，去了中职卫生学校学护理专业，当时她的情绪很低落，在学校的学习表现很懒散。一天夜里，小枫的奶奶突发性心肌梗死，送往急救室抢救，焦急的小枫看到医护人员在寒冷的深夜第一时间赶到手术室，奋力抢救，把奶奶从死神的手里抢救了回来，感受到了作为医护工作

者的神圣和价值。从那以后，她喜欢上了护理专业，学习变得积极主动，成绩突飞猛进，现在的小枫正在为实现做一名优秀护士的人生理想努力着。

问题： 1. 小枫是如何转变对医护工作的态度的？
2. 小枫的转变说明了什么问题？

一份工作对我们而言是其乐无穷，还是枯燥乏味，关键是能不能在工作中找到乐趣，发现快乐。其实很多时候我们在工作中找不到乐趣和美好，是因为缺乏对工作的认同感和成就感，如果我们能对自己的职业产生认同感，就能在工作中感受到自己的价值，成就感就会油然而生，并伴随着快乐与满足。就像案例中的肖枫，原先她并不喜欢护士工作，但突然有一天，当自己的家人需要医护人员的帮助的时候，她猛然意识到原来自己未来的工作是如此的有价值，如此的伟大，这使她对自己的工作产生了强烈的认同感和成就感，因此转变了对待工作的态度，真正地喜欢上了护理工作。

法国著名的思想家卢梭曾经说过："每一种工作都蕴藏着无穷的乐趣，只是有些人不懂得怎样去发掘他们罢了。"快乐其实很简单，在工作中发掘乐趣的途径和方式有很多种，例如我们可以多想想这份工作给我们带来的好处，如可以让我们增加收入，让自己和家人衣食无忧，让我们随心所欲地消费，让我们出人头地、受人尊敬或是让我们的生活更充实等，想到工作带来的诸多好处，会使人产生感恩的心理，不自觉地对工作产生好感。

还可以经常对自己进行自我暗示，告诉自己这份工作很有意思，我很喜欢这份工作或者这份工作非常有意义诸如此类的话，时间长了这些话会潜移默化地影响我们对工作的看法，从而增加对职业的好感。

此外还可以利用工作去帮助别人，"赠人玫瑰，手有余香"，让别人快乐，我们自己从中也会收获快乐。"助人为快乐之本"，如果在工作中能为他人排忧解难，让人幸福快乐，这份快乐也会感染到我们，使我们体会到工作的成就感和满足感。

日常工作的每一个细节都蕴藏着快乐，只要你用心去感受就能发现。

（二）努力提升自己的能力，获得职业自信心

案例 3-5 中职助产专业毕业的小红刚到手术室工作时，因为没有经验，经常犯低级性错误，她的压力很大，甚至考虑要不要转科。这时，护士长鼓励她说："不要有那么大的压力，所有的新人都是经过磨炼才成长的，多向别人学习，多记、多听、多背就好了。"听了护士长的话，她放下包袱，决心从头开始。她虚心向老护士请教，平时多看、多练、多研究。很快，小红的业务水平迅速提高，还经常得到患者的表扬。现在，她再也不想转科室了。

问题： 1. 小红为什么想换科室？
2. 小红为什么改变了想法？小红的改变说明了什么？

有些时候我们不喜欢现在的工作，是因为自己能力不足做不好工作，压力过大导致畏惧甚至厌恶工作。如果是这个原因，我们就要有针对性地采取措施提升职业能力，如虚心向前辈请教，苦练职业技能和学习更多的专业知识。相信随着职业能力的提升，工作会越来越顺手，压力也变得越来越小，职业成就感和满足感会越来越多，我们对职业的态度也会发生转变。

（三）用成熟理性的态度和方式看待不喜欢的工作

进入职场前，同学们主要待在校园，在家庭的护佑下生活中受到的挫折很少，所以想事情、看问题过于理想化。总是以自我为出发点考虑问题，遇到不喜欢的工作，第一反应就是辞职。这样未免过于轻率。在做决定前先思考一些问题，例如我们可以问自己，是不是真的不喜欢这个工作？辞职后能找到比现在更好的工作吗？我们一定会喜欢新的工作吗？新工作会解决所有问题吗？诸如此类的问题。如果回答是否定的，那么就不如接受现实，全力以赴地去工作。即便不喜欢自己当前的工作，也要调整好心态，保持激情，尽量把事情做到极致。

1．走好眼前的每一步　走好眼前的每一步，这是最好的态度。试想想，如果你现在的工作都做不好，真的把你想要的工作给你，你就可能做得有声有色吗？要相信，即便是对工作内容没有很多的喜欢，把自己分内工作做好，境遇也不会太差。

2．寻找目前工作的乐趣　我们可以试着去寻找目前工作中的乐趣，发现工作中的自我价值。这样生活会轻松很多，同事也会变得可爱起来，工作似乎也会更加得心应手。因为，决定你是否快乐的从来不是因为工作，永远是你的内心。每份工作都有它的价值所在，用心工作总会有新发现、新收获。

3．做更好的自己　如果你对现在的工作不满意，如果对现在的工作感到痛苦，跳槽无可厚非，但在暂时找不到或没有能力去做更好的工作时，那就适时调整好心态，保持正能量，认真学习，努力提升自己的专业技能。既然你无法改变现状，那就将学习精力投入到自己感兴趣的东西中，充实的生活会让你更加有活力。

第3节　职业能力与职业生涯

现代社会，从重学历到重能力、重技能、重职业道德，对人才的规格要求不断变化，就业岗位的职业能力成为现代人才市场选人、用人的重要标准。职业能力是衡量一个人在某一职业方面是否能够胜任重要因素，它直接影响职业活动效率和职业活动能否顺利完成，作为中职生我们对自身职业能力的养成是刻不容缓的。

一、能力与职业能力

（一）能力

1. 能力　从心理学的角度看，能力是指可以顺利地完成某种活动所具有的稳定的个性心理特征。具体来说，能力就是人们完成一件任务所拥有的解决问题的方法和技巧，人们常用"有能力"来形容一个人比较好地完成了某一项任务。能力总是和人完成的活动联系在一起，离开具体活动，既不能表现人的能力，又不能发展人的能力。

2. 能力的分类　心理学上一般把能力划分为以下几类。

（1）一般能力：指在进行各种活动中必须具备的基本能力，也称智力。包括感知能力（观察力）、记忆力、想象力、思维能力、注意力。

（2）特殊能力：又称专门能力，是顺利完成某种专门活动所必备的能力，如音乐能力、绘画能力、数学能力、运动能力等。

（3）再造能力：指在活动中顺利地掌握前人所积累的知识、技能，并按现成的模式进行活动的能力。

（4）创造能力：指在活动中创造出独特的、新颖的、有社会价值的产品的能力。

（5）认知能力：指个体接受信息、加工信息和运用信息的能力，表现在人对客观世界的认识活动中。

（6）元认知能力：指个体对自己的认识过程进行的认知和控制能力，表现为人对内心正在发生的认知活动的认识、体验和监控。

（7）超能力：又同异能、特异功能，指心灵感应、透视、预知、念力、超自然能力。

（二）职业能力

1. 职业能力　是人们从事某种职业的多种能力的综合，具体指从业者在从事职业活动时，为了完成职业任务所必须、能动地改造自然和改造社会的实践能力。

2. 职业能力的分类　职业能力包括综合知识能力、方法能力和社会能力。各行各业为了保证该职业工作的顺利完成，都有自己不同的职业能力要求。

（1）综合知识能力：包括基础综合能力和专业能力。基础综合能力是指从业者在从事职业活动时所必须具备的一些基础应用性能力，对于医学专业的同学们来说，就是计算机应用能力、英语基础口语能力、文字写作能力等，强调基础性；专业能力是指从业者在从事职业活动时对专业知识、专业技能的掌握和运用能力，对于医学专业的同学来说，就是动手操作能力，对专业知识的使用能力等，强调应用性。

（2）方法能力：指从业者在进行职业活动时对于"方法"的掌握和运用水平，包括学习方法和工作方法，比如学习能力，强调逻辑性。

（3）社会能力：指从业者在从事职业活动时适应社会、融入社会的水平，比如团队能力，强调适应性。

2．医疗卫生行业职业能力解析

（1）任职能力（资格）：如何判断一名从业者是否有从事某项职业的资格？只有通过国家统一的任职资格考试。国家统一的任职资格考试是国家对个人专业技术水平、专业技能的一种认定。国家机关、企事业单位中符合一定条件的专业、技术人员都可以通过考试、考评等方式获得相应专业和等级的任职资格。

（2）解决问题的能力：每天，我们都要在生活和工作中解决一些综合性的问题，有很多问题是书本上完全没有提及的知识；尤其是医务工作者，当我们面对不同的病人，需要及时发现问题，并把问题与书本上的基础知识联系起来，为病人解除病痛。

（3）沟通能力：在从事医疗、护理工作的时候离不开人之间的交流与沟通。医疗服务作为被大众普遍使用的服务，它首先是一个医生、护理人员、医院管理人员与病人、病人家属交流的微观过程。尤其是护理工作，在按护理程序护理病人的每一个环节中需要与病人进行沟通，有效的沟通能增进护患之间相互理解，提高信任度，减少护患矛盾。因此护理人员掌握一些常用的沟通技巧并合理应用是十分必要的。

（4）计算机应用能力：在网络已经极为普及的今天，几乎所有的医院都在使用统一的网络系统，有的是医院内部统一使用，有的是该市区县的上级卫生主管部门统一管理使用。掌握基本的计算机应用技能，是医护人员的基础能力之一。医疗卫生人员晋职时也有计算机应用能力要求，按《关于参加全国专业技术人员计算机应用能力统一考试的通知》执行考试。

（5）培训能力：当今社会中，人们对于健康的需求已经不仅仅满足于"治病"，更多的时候，人们需要的是"治未病"——即当病在"腠理、肌肤"，甚至还没有任何不舒服的情况时，就把病情铲除或者控制住，在此基础上，更多的医院将开设讲座、培训等活动；有时很多慢性病的病人需要掌握相应的疾病控制、急救常识，医护人员应具备对病人进行"医疗、防治宣教活动"的能力。

二、职业能力对职业生涯发展的作用

案例 3-6　蔡护士长，现为某知名医院精神病科总护士长、副主任护师。她护理技能精湛，用心与患者沟通。她30余年如一日坚守精神疾病护理岗位，用爱心仁心温暖患者心灵，用真情亲情维护患者生命尊严，帮助万余名精神疾患人员康复回归社会。

她的座右铭是：护士不仅要服务照顾好病人，同样要钻研学问技术，这好比车的两个轮子缺一不可。

问题：1. 你怎样理解蔡护士长的座右铭？
　　　2. 你应该怎样提高自己的职业能力？

职业能力是中职生就业的关键因素。只有拥有扎实的职业技能，我们才会博得用人单位的青睐，才能在将来的工作中游刃有余，职业生涯才会顺利发展。

（一）精良的职业能力是求职者进入用人单位的"通行证"

> **案例 3-7** 小琳、小若都是卫生学校的学生，是同班的好朋友。在学校时两个人的学习成绩都不错。小琳沟通、协调能力较强，动手能力也很强，每次的实践操作都被带教老师当做样板在班里展示。毕业时，一家儿童医院来招聘护士，在进行理论考试和技能测试后，小琳、小若的理论成绩分别是 80、82；技能成绩分别是 98、80。结果，小琳顺利应聘，而小若却落聘了。
>
> 问题：1. 请问招聘医院重视的是什么能力？
> 　　　2. 如果你是医院的院长，你会录取谁？

作为一个中职生，即将要面临毕业的考验，而与我们最密切相关的就是毕业后的就业问题，是否能找到一个好工作成为中职生的首要任务。因此，为了将来能够顺利就业，这就迫切需要我们在现阶段培养自己各方面的能力，包括职业能力。中职学生时期是学习知识、培养能力、发展智力、丰富阅历、积累经验、准备承担成人责任的过渡期，同时也是我们将走向社会的准备期。当今的社会是以实力说话的社会，不具备出色职业能力的应聘者，用人单位是不会录用的。中职生在就业市场上有着独特的优势，如果我们想在人才济济的医护行业拥有一席之地，成为用人单位争相想要录用的"香饽饽"，就要珍惜在校的大好时光，专心学习，用知识充实自己，用技能武装自己。

（二）精湛的职业能力能有助于获得职业归属感

> **案例 3-8** 小新被医院录用了，被分在儿科病房。有一次，来了一个高热不退、哭闹不止的 6 岁小朋友，由于高热缺水，孩子的血管干瘪。看到年轻的护士，家长一脸不信任。小新由于技术过硬，并不慌张，从容入针，很顺利地完成了输液工作，并和孩子的家长一起安慰孩子，很快让孩子安定下来。孩子家长焦急的脸上露出了笑容，连声说着感谢。小新通过这件事深刻地领悟到，护士的尊严都来源于患者的信任，更来源于自身的优秀。
>
> 问题：1. 患病孩子家长前后有什么变化？
> 　　　2. 小新领悟得对吗？

按照马斯洛的需要层次理论，人的最高需求莫过于自我价值实现的需要，人们在生活中，其他的需要都很容易满足，只有自我价值实现的需要，只有在工作中才可以得到满足，不管这份工作的价值几何、工资多少，最重要的是在工作中被服务对象尊重和爱戴，听到来自病人和病人家属的夸奖，心里美滋滋的，这"美滋滋"的感觉，便是来自于自我价值的实现,也是职业归属感和职业荣誉感的体现。

每个人都想要实现自我的价值,在工作中更是如此,在工作中实现自我价值的最好手段便是获得职业归属感。只有我们拥有精湛的职业能力,才可以很好地完成工作,为病人减轻痛苦,同时获得职业归属感。

(三)高超的职业能力能够促进职业生涯的发展

> **案例 3-9** 小丽是一家社区医院的护士。由于本人业务能力突出,小丽被推荐参加全市护理技能大赛,经过刻苦训练,最后夺得了市级比赛的一等奖,为医院争得了荣誉。小丽在参赛时展示出高超的职业技能,让很多同行交口称赞,同时,有不少三甲医院向小丽抛来"橄榄枝",希望小丽可以去他们医院工作。
> 问题:1. 为什么会有三甲医院向小丽抛来"橄榄枝"?
> 2. 在同等条件下,社区医院工作的小丽会选择去三甲医院么?为什么?

有充分准备的人往往可以抓住稍纵即逝的机会。在职业生涯中,可能会有很多次促进生涯发展、完善职业生涯的机会,但有些人由于职业能力还没有锻炼好,或者还没有达到要求就白白错过了。能够促进职业生涯发展的道路和方法很多,但高超的职业能力绝对是最简单保险的一种。企业在录用和提拔人才的时候,一定会首先提升那些职业能力强、职业技能过硬、思想道德优秀的员工。所以,职业能力不但可以帮助自己在工作上游刃有余,更可以在职业生涯中成为发展的阶梯和优势。

三、职业能力可以提升

由于生物学原因,每个人的天生能力各有不同,有的人擅长计算,有的人擅长写作,有的人擅长动手实际操作……也许开始时有些人并不具备某些职业能力,但是在长期实践中经过刻苦努力和训练,有些职业能力是可以获得提高的,并且有可能得到迅猛发展,同时还有可能挖掘出新的适合职业生涯发展的潜能。

(一)优化知识结构,强化专业知识

专业知识是指在特定行业、环境、工作、活动等特定条件下,履行岗位职责,完成工作任务所必需的知识,与所从事的职业密切相关,具有一定的针对性和适用范围,包括专业理论、专业技术等方面的知识。专业能力是职业能力中的核心内容,随着职业的日益分化、细化,无论从事何种工作,都必须具备过硬的专业能力,否则就无法履行自身的岗位职责。一个人的专业能力越强,在职业活动中所发挥的作用就越显著。

（二）夯实基本技能，掌握专业技能

1. 珍惜每次实践操作的机会，提升自己的职业能力　在学校中，我们有很多的专业课实践机会，专业实践活动除了有助于培养学生的专业基本能力之外，还能很好地训练学生的自我学习能力，独立分析和解决问题的能力，以及判断和决策能力。通过专业实践，我们将能够充实自我基本能力，掌握职业能力与一技之长。

2. 在日常生活中有意提升自己的职业能力　专业课虽然是很好的提升职业能力的机会，但是由于学校的资源和环境限制，很多同学并不一定有很多的机会随时去实验室或医院进行实践操作，这就需要我们在日常生活中，从方方面面有意提升自己的职业能力。

案例 3-10　周医生是某知名医院耳鼻咽喉头颈外科副主任医师。在日常生活中，他非常注重手指灵活性的训练。在医院餐厅用餐的他，尝试用棉签吃饭来锻炼手指的灵活性，到如今在医院用棉签吃饭已经成为他的习惯。除了棉签吃饭训练法，周医生平日里还喜欢用葡萄缝合训练法来练习手术缝合技术，他认为将葡萄皮剖开再用手术线缝合的训练法不但能练技术，而且训练成本还很低（图 3-1，图 3-2）。

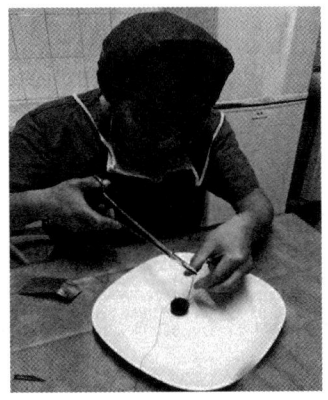 

图 3-1　用葡萄练习缝合术　　　　图 3-2　用棉签吃饭

问题：周医生在日常生活中都通过哪些行为提高自己的职业能力？

职业能力是中职生从事职业活动和推进职业发展的核心要素之一，也是中职生职业素质最为关键的组成部分。进行职业能力培养，与社会需求对接，一方面引导我们朝着奋斗目标提高能力，另一方面在职业能力的培养过程中能够逐渐发现自己的兴趣和优势所在，可以合理定位，提高就业能力，实现和谐就业。

第 4 节 自我评估实训（自我评估报告）

一、实训目标

结合所学知识，通过实训，掌握自我评估的基本方法，制作一份自我评估报告。

二、实训的内容

1. 评估自我性格，如何改变自己的职业性格（我是谁？我该怎么做？）
2. 评估自我兴趣，如何培养自己的职业兴趣（我喜欢做什么？我该怎么做？）
3. 评估个人能力，如何提高自己的职业能力（我能做什么？我该怎么做？）

三、实训要求

1. 以学生本人为主体，客观评估自我性格、自我兴趣和自我能力
2. 明确自己的实际情况与职业要求的差距，并提出完善自我的方案

四、实训步骤

（一）准备阶段

1. 学生在教师的协助下根据资源链接完成职业性格测试、职业兴趣测试、职业能力测试。
2. 学生小组讨论，完成自我评估报告（表 3-2，表 3-3）。

表 3-2 自我评估报告样本 1

姓名	（职业）性格	（职业）兴趣	（职业）能力

表 3-3 自我评估报告样本 2

专业		未来职业		
姓名	职业对从业者要求	相符之处	主要差距	完善措施

（二）实训操作阶段

1. 教师按照不同专业特点简单介绍每种职业的特征。
2. 学生小组讨论该职业所适合的职业性格、职业兴趣及职业能力，完成自我评估报告样本 2 中"职业对从业者要求"一栏。
3. 学生自己对照"自我评估报告"中的个人实际情况，在教师指导下，找出自己与职业具体要求的差距，完成"相符之处"与"主要差距"两栏。
4. 学生小组讨论，根据自己实际情况，规划自己的具体完善措施，从职业性格、职业兴趣与职业能力三个方面缩小自己与职业具体要求之间的差距。

（三）展示总结阶段

1. 学生完成制作后，组内相互交流。
2. 每组优选一个作品在班级朗读、展示。
3. 教师做点评。

第 5 节 职业价值观与职业生涯发展

社会是一个大舞台，从职业的角度看，社会是由无数行业所构成的。"行风"影响着社会风气。我们每个人在与社会打交道的过程中，总是透过形形色色的行业来认识、观察、理解和评价社会。积极向上的职业价值观所彰显出的行业风范，事实上就会给社会大众以积极影响，体现出净化社会风气、引领社会风尚正能量。

一、价值观与职业价值观

（一）价值观

1. **概念**　价值观是基于人的主观层面做出的认知、理解、判断或抉择，是人认明事物、判断是非的一种思维或取向，从而体现出人、事、物一定的价值或作用。
2. **价值观的特点**

（1）稳定性和持久性：价值观具有相对的稳定性和持久性。比如对某种人或事物的好坏评价总有一个较为一致的评价和看法，在相关条件不变的情况下，其看法基本不会改变。

（2）历史性与选择性：即价值观具有不同时代、不同社会生活环境的烙印。一个人的价值观并非与生俱来，而是在其成长过程中，在家庭、学校和社会影响下逐步形成的。决定一个人价值观形成的最重要的因素，是其所处的社会生产方式及其所处的经济地位；同时，舆论宣传诸如报刊、电视和广播等宣传的观点及父母、老师、朋友和公众名人的观点与行为，也有不可忽视的影响。但对这些也并非全盘照搬，每个人还会根据自身实际予以选择性采纳。

（3）主观性：由于每个人所受的教育程度、生活的环境和个人成长经历等不同，其用以区分好与坏、善与恶的标准，是通过个人内心的尺度进行衡量和评价的，因而，往往带有一定的主观因素。

3. 社会主义核心价值观　社会主义核心价值观是社会主义核心价值体系的内核，体现社会主义核心价值体系的根本性质和基本特征，反映社会主义核心价值体系的丰富内涵和实践要求，是社会主义核心价值体系的高度凝练和集中表达（图3-3）。

图 3-3　社会主义核心价值观

（二）职业价值观

1. 职业价值观　职业价值观是指人生目标和人生态度在职业选择方面的具体表现，即一个人对职业的认识和态度及其对职业目标的追求和向往。由于个人的教育状况、家庭背景、身心条件、年龄阅历、兴趣爱好等方面的不同，对各种职业有着不同的主观评价。理想、信念、世界观对于职业的影响，集中体现在职业价值观上。

2. 护理职业价值观

护理职业价值观是指个人对护理职业的认知、态度及价值取向。护理人员的职业价值观是决定护理人员行为的一个重要因素。体现在其对护理职业目标的追求和向往，对护理工作的态度和观点上，具有行为导向性。护理职业价值观主要包含富有爱心和同情心、关爱生命、包容患者、为病人服务、天使般的骄傲等内容，具体体现在一切以病人为中心、维护病人根本利益、尊重病人和全心全意为患者服务之中。

案例 3-11　护士小赵是一个非常热爱护理工作的人，她希望自己的工作能减轻病人的患痛，为病人带来健康。一天，病房新收入一位车祸伤致锁骨骨折的病人。单纯锁骨骨折病人的治疗，择期手术前完善辅助检查、活血化瘀药物治疗即可。医生询问病史、查体、阅片后，回办公室开医嘱。在医生查体的时候，旁边细心的小赵发现病人口角流出了"哈喇子"，只一瞬间又被他拭去了。小赵根据病人的反应和她的医疗常识，迅速将病人的这一情况汇报了医生，医生马上停止其活血化瘀药物治疗医嘱，立即联系先行CT检查。结果显示病人合并脑出血！急转神经外科治疗，不久病人化险为夷。出院前特来看望小赵，并表达感谢之情。小赵却说"看到病人解除病痛，我由衷地开心和满足。"

问题：1. 小赵是个怎样的人？
2. 小赵的职业价值观是怎样的？

二、职业价值观是可塑的

（一）职业价值观具有可塑性

马斯洛需求层次理论将人类需求分五层：生理需求、安全需求、归属需求、尊重需求和自我实现的需求。只有当低层次的需求基本满足后，才可能关注并努力于下一层次需求的满足。这些需求体现在人们的生活中，就成为其价值观；当把以上需求作为自身工作追求的目标时，就成为职业价值观。由于个人年龄、阅历、教育状况、家庭影响及其所处的生涯发展阶段、社会环境的不同，他的需求会发生改变，从而可能导致价值观的变化；同时，当今多元社会中多种价值观的冲击也会导致原有价值观体系的碰撞、冲突乃至改变。因此，价值观需要不断地审视、完善和塑造。

（二）引导和塑造护理职业价值观

案例 3-12　叶护士长在急诊科一干就是几十年。每当急诊科有传染性疾病患者急诊时，叶护士长总是冲锋在前。对待患者，她总是护理得格外耐心、细致，没有一丝的嫌弃。她常对护士们说："作为护士，我们要解决他们身体的痛苦，更要给他们爱的力量！"叶护士长是一个性格恬淡的人，她不求闻达，只讲奉献。作为领导，她的宽容、平和和谦虚深深折服着她的同事和朋友。加班、顶班，对她可谓司空见惯，尤其是节假日，她会主动给自己排上班。叶护士长去世后，她爱人动容地说："我和小叶结婚22年了，但只有结婚那年我们一起在家过了春节，其余她全是在医院度过的。"

问题：1. 叶护士长的护理职业价值观是怎样的？
2. 叶护士长的价值观是否符合社会主义核心价值观？

作为卫生学校的学生,面对择业和就业的困扰。如何在护理职业生涯的规划阶段,树立正确的职业价值观,以便今后顺利实现其职业理想,是社会、学校和家庭的共同责任。

1．社会要形成正确的护理职业价值观的舆论导向　社会各界对护理专业中职生的就业要有高度负责的态度,多方采取措施,营造正确的择业导向。引导其心怀社会责任感,树立正确的职业价值观,把自己所学到的护理知识和技能用到社会对护理专业的需求上,进而促进社会人力资源配置向着"人职匹配"的方向发展。

2．学校要加强对护理职业价值观的教育引导　职业价值观教育是职业发展教育的核心,中职学校如果不能有效地进行职业价值观教育,中职生的职业生涯规划只能是海市蜃楼。为此,学校应健全职业价值观教育规划,开展护理职业价值观教育,使学生了解护理专业的培养目标、就业去向及自身应具备的各种素质。同时,职业生涯规划教师及班主任辅导员要加强与学生的沟通,了解其思想和对护理职业的思考,帮助学生认清自己,明了自己对职业的目标追求,逐步将护理的职业价值观细化到为患者服务的行动中。

3．家庭要充分发挥对中职生职业价值观的影响作用　家庭是中职生早期的生活和教育的重要场所。家庭的经济条件、教育方式、文化氛围和成员间的沟通方式等,都对中职生树立正确的职业价值观有着十分重要的影响。因此,作为护理专业中职生的家长应从以下几方面引导子女树立正确的职业价值观：家长应该自我完善,努力提高自身素质；应正面教育子女,牢固树立尊重患者、热忱为患者服务的精神,要对每位病人充满爱心和同情心；重视对子女自律、自强、合作意识和正能量方面的培养；培养子女的职业竞争意识、强烈的职业责任感和社会责任感。

知识链接

护理工作中的"三查七对"

20世纪50年代,我国护理前辈黎秀芳经过临床总结出来的"三查七对"制度和程序在全国推广并沿用至今。这个制度的执行,很大程度地减少了护理差错的发生,保证了护理质量。

"三查"是操作前检查、操作中检查、操作后检查。"七对"是对床号、对姓名、对药名、对浓度、对剂量、对用法、对时间。此外还要检查药物的质量、有效期和配伍禁忌。

三分治疗七分护理,护理工作需要勤于学习,善于思考,用心观察,认真操作。

家庭、学校和社会因素对中职生护理职业价值观的形成所产生的影响都是外在的,外因有一定的作用,但无必然的因果关系。因此,中职生护理职业价值观的形成,需要有针对性的指导和引导,让外因能够顺利地变成潜移默化的影响,通过与中职生本人内在因素（如性格、理想、爱好、专业等）的共鸣，促成不同环境下成长的中职生树立正确的护理职业价值观。可以说，中职生护理职业价值观的形成是外在因素和其本人内在因素形成共振的结果。

三、中职生要树立正确的人才观

案例 3-13 成翼娟是南丁格尔奖章获得者。她从事护理工作44年，扎根贫困山区基层医院15年，服务于某知名医院一线护理和管理岗位29年。在丈夫病危、女儿生产时，她都未能陪伴，两次将生死置之度外，参与松潘-平武和汶川特大地震医疗救援，3次为西藏护理事业的发展冒险登上西藏高原，足迹遍布凉山、巴中、南江等老少边穷地区。她带领医院3000余名护理人员，立足岗位，开拓进取，为我国护理事业的发展做出了积极贡献。

问题：1. 成翼娟是人才吗？只有名人才是人才吗？
2. 谈谈你对护理人才的认识？

（一）人才的含义

人才是指具备一定的专业知识和专门技能，能够进行创造性劳动，并对社会做出贡献的人，是人力资源中能力和素质较高的劳动者。具体到企业中，指具有一定的专业知识或专门技能，能够胜任岗位能力要求，进行创造性劳动并对企业发展做出贡献的人，是人力资源中能力和素质较高的员工。包括经营人才、管理人才、技术人才和技能人才。

护理人才是指具有系统的现代护理学知识，有较强的护理专业才能和业务专长，并能以其创造性劳动对护理事业做出一定贡献的护理专业人员。包括三个不同类型，即护理管理人才、护理教育人才、护理专家。包括三个不同层次，即普通护理人才、优秀护理人才和杰出护理人才。

（二）树立正确的人才观

当今社会人们对人才认识有一个误区，认为脑力劳动者是人才，体力劳动者不是人才；大学生、研究生是人才，中专生、职校生不是人才，从而形成了一种社会偏见。这种偏见在一些企事业单位中也有所体现，不但在政治地位上体现，还在经济待遇上体现，因而上大学成为一种"时尚"，家长们不管孩子知识基础如何，想尽办法也要让孩子上高等学府，不愿意送孩子上职校，觉得上职校是低人一等，没出息。结果出现重脑力轻体力、高学历低能力等现象。

古往今来，能工巧匠创造了许多世界奇迹。我国被誉为金牌工人的许振超、调酒皇后郑雯、乡村医生香九妹，都可谓是人才。我们要真正认识人才的含义，而不一定非要挤"独木桥"（高等学府）。要明白上了大学不一定是人才，上了职校不一定不是人才的道理，学好职业技能，同样能受到社会和人们的尊敬，只要踏实肯干，不懈努力，人人都可能成为人才。

小结

一份职业生涯规划，不在于它多么高大上，也不在于它的具体实施措施多么具体详尽，而是要看它是否符合实际情况。我们在制定职业生涯规划时，要认真剖析自我，要切实弄清楚自己的职业性格、职业兴趣、职业能力及职业价值取向等，然后再根据我们的具体特点来制定适合自己的职业生涯规划。职业性格、职业兴趣、职业能力都不是一成不变的，性格可以调适、兴趣可以培养、能力可以提高。只要我们树立正确的职业价值观、人才观，就会在未来的天空飞得更高、更远。

选择题（A_1/A_2）

1. 性格是（　　）
   A. 不可改变的　　　B. 可调适
   C. 可以决定人的一生　D. 与工作无关
2. 以下关于性格的描述，属于职业性格范畴的是（　　）
   A. 幽默风趣　　　B. 乐观
   C. 认真负责　　　D. 多愁善感
3. 关于职业兴趣的说法，以下说法正确的是（　　）
   A. 职业兴趣就是未来的职业
   B. 兴趣可以发展为职业兴趣
   C. 职业兴趣不可更改
   D. 职业兴趣是选择职业的唯一标准
4. 以下可以发展为医护工作者职业兴趣的是（　　）
   A. 睡觉　　　　　B. 打网络游戏
   C. 遛狗　　　　　D. 唱歌
   E. 以上皆错
5. 小丽从卫生学校毕业之后发现自己特别不喜欢医院的工作，不喜欢病人的愁眉苦脸，不喜欢自己每天被病人家属责骂。她应该（　　）
   A. 马上辞职
   B. 在病人家属责骂她的时候也骂回去
   C. 申请上夜班，可以轻松一些
   D. 多与病人接触，感同身受
6. 以下不属于护士职业能力的是（　　）
   A. 计算能力
   B. 口头表达能力
   C. 动手操作能力
   D. 舌头对味道的记忆能力
   E. 计算机应用能力
7. 以下属于医务人员提高职业能力的途径是（　　）
   A. 在吃饭时用牙签当做筷子使用
   B. 给葡萄做外科缝针手术
   C. 平时待人接物彬彬有礼
   D. 在手动输写病人材料的时候保持工整
   E. 以上都是

A_3/A_4型题

（8~10题共用题干）

小丽在学校里是学校的学生会主席，在生活中，她的性格泼辣果敢，做决定特别快，往往在别人还没有反应过来的时候她已经迅速做出了决策并加以实施；同时，小丽的表现欲非常突出。但在工作中，作为一名护士，小丽的泼辣性格却让她屡屡受挫。

8. 小丽屡屡受挫的原因是（　　）

　　A. 职业性格不好

　　B. 性格不好

　　C. 性格不适合做一名护士

　　D. 职业性格应加以调适

9. 在面对病人时，小丽应做到（　　）

　　A. 耐心　　　　　　B. 细心

　　C. 认真负责　　　　D. 严格执行医嘱

　　E. 以上都对

10. 按照小丽的职业性格分析，她适合的职业应该是（　　）

　　A. 演员　　　　　　B. 护士

　　C. 营业员　　　　　D. 以上都可以

（11~13题共用题干）

小刚是一名刚刚进入卫生学校的学生，他的专业是药剂专业，第一年几乎都是语文、数学、英语这样的公共基础课，小刚不禁萌发了退学的念头。

11. 关于公共基础课的学习目的，比较科学的一种说法是（　　）

　　A. 医务人员需要基本的人文素养

　　B. 为日后考职业资格证书打下良好的基础

　　C. 公共基础课所学习的知识也属于职业能力的一部分

　　D. 为了日后参加高职考试方便

　　E. 在学习的过程中可以锻炼学习的能力

12. 小刚更应该倾向于哪个科目的学习（　　）

　　A. 语文　　　　　　B. 数学

　　C. 英语　　　　　　D. 计算机

　　E. 以上都是

13. 小刚在毕业求职时，哪个证书对他的用处更大（　　）

　　A. 药士资格证书

　　B. 在校参加校级运动会的获奖证书

　　C. 英语能力等级证书

　　D. 计算机等级证书

　　E. 国家级硬笔书法获奖证书

（赵晓波　许成瑶　杨洁玉）

第4章

确定目标
制定职业生涯发展规划

作为中职学校学生,从入校开始就应该对今后的职业方向有初步定位和规划,给自己确定合理的职业生涯目标,并制定相应的职业生涯方案来指导自己的人生之路,只有这样,才能让自己的目标更清晰、努力的方向更明确。

第1节 职业生涯发展要有目标

案例 4-1 爱因斯坦(图4-1)进入苏黎世大学后,立即就为自己拟订了一份人生策划。他说:"我用四年的时间学习数学和物理,我希望自己成为自然学科中某一些学科的教授,我将选择理论性学科"。"我制订计划的理由:我喜欢抽象思维和数学思维,缺乏想象和实际的能力;这是我自己的愿望,它激励我做出类似的决定,以考察我的毅力。很多自然人总是喜欢干他有能力做的事。另外,科学工作很有独立性。"

他在大学中不断地修订自己的"蓝图策划",使每一项都更切合达到目标的需要。比如,他不得不放弃数学而专攻物理,这是经过自我审视和严密分析做出的果断选择。他迷恋自然现象,善于手脑结合,喜欢音乐和阅读理论类的书;他爱好哲学,将冥思苦想和偏爱理论的素质成功地连接为一体,更强化了他的伟大人生实践。

图4-1 爱因斯坦

问题:爱因斯坦取得成功的重要原因是什么?

爱因斯坦取得成功的原因,一是对自己的了解;二是给自己确定合理的职业生涯目标;三是制定相应的职业生涯方案来指导自己的人生之路。

人生为什么要有目标?德国伟大思想家歌德说:"人生最重要的是有伟大的目标,与达到伟大目标的决心。只要不失目标地继续努力,终将有成。"俄国作家契诃夫说:"活着而没有目标是可怕的。"这些名人名言告诉我们:山高有攀头,路远有奔头。人生因为有目标,才会执着地去追求,目标是心中的罗盘和前进的方向。

哈佛大学有一个非常著名的关于目标对人生影响的跟踪调查。调查对象是一群智力、学历、环境等条件都差不多的年轻人，调查结果是：3%的人有清晰的长期目标，25年来他们从未改变过目标，总是都朝着同一个方向不懈地努力，25年后，他们几乎都成了社会各界的顶尖成功人士，他们中不乏创业者、行业领袖、社会精英。10%的人有清晰的短期目标，这些人大都生活在社会的中上层，他们的共同特点是：不断完成预定的短期目标，生活状态步步上升。25年后，他们成为了各行各业不可或缺的专业人士，如医生、律师、工程师、高级主管等。60%的人目标模糊，他们能安稳地生活与工作，但都没有什么特别的成绩。剩下的27%，是那些25年来都没有目标的人群，他们几乎都生活在社会的最底层。他们的生活过得很不如意，常常失业，靠社会救济，并且常常都在抱怨他人，抱怨社会，抱怨世界。可见，奋斗目标决定着人生的前途命运，关系着事业的兴衰成败，要使人生健康成长，事业获取成功，就一定要尽早思考和确立自己的奋斗目标。常言道："人生一世，草木一秋；花有重开日，人无再少年。"人生是不可以重来的，我们要珍惜当下，不要辜负生命，努力追求梦想，并将自己的梦想与实现中国梦结合在一起。

一、职业生涯发展目标的构成

（一）职业生涯目标

职业生涯目标是指个人在选定的职业领域中所期望的成果，希望达到的未来状态。目标是结果，是希望，是欲望的具体表现形式，没有目标就没有收获；目标是由动机至行为的驱动力，是一切行动的原动力。

> **知识链接**
>
> **《论语·为政》**
>
> 孔子曰："吾十有五而至于学，三十而立，四十而不惑，五十而知天命，六十而耳顺，七十而从心所欲，不逾矩。"
>
> 意思是：我十五岁的时候立志要学习好知识；三十岁的时候，已经成家立业；四十岁的时候，已经不被外界所诱惑；五十岁的时候，已经懂得了许多事情；六十岁的时候，遇到任何事都会容忍；七十岁的时候，什么事都随心所欲了。
>
> 可以看出，孔子对于自己人生的目标发展是非常明确的。

世界著名护理专家，近代护理教育的创始人，护理学的奠基人南丁格尔（图4-2），热爱生命，把人的生命看得最宝贵，认为照顾别人并使其康复是一件神圣的事情，为此，她学习医护知识，写专业教材，开办护士学校，并奔赴战场前线，成功地把当时英军伤病员的死亡率从50%降至2.2%，被士兵们亲切地称呼为"提灯女神"。南丁格尔用生命谱写了令人敬重的人生，她的人生目标看似普通，却很伟大。作为一名中职生，处于人生方向选择的十字路口，处于学知识、长本领的重要阶段，早日确立职业生涯的目标，就会有更多的时间充分准备，就会有更多的机遇，成功实现人生价值的可能性更大。当你明确地知道自己想要的是什么，你才有可能得到什么；你不知道自己追求的是什么，你自然什么也得不到。

（二）职业生涯发展目标的构成

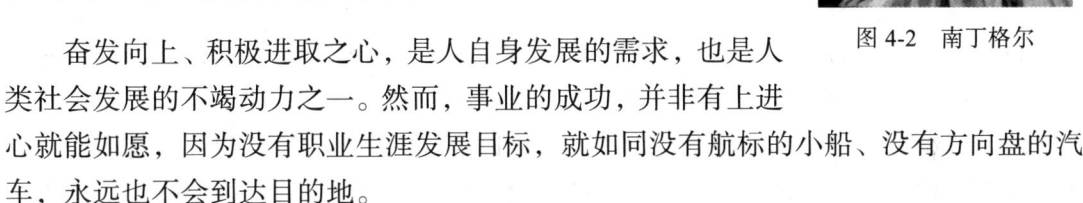

图 4-2　南丁格尔

奋发向上、积极进取之心，是人自身发展的需求，也是人类社会发展的不竭动力之一。然而，事业的成功，并非有上进心就能如愿，因为没有职业生涯发展目标，就如同没有航标的小船、没有方向盘的汽车，永远也不会到达目的地。

1. 按阶段性来分，职业生涯发展目标可分为长远目标和阶段目标、近期目标。

（1）长远目标：是对自己未来达到什么样的高度、获得什么样的成功的具体注解。长远目标的达成，需要经历一个个阶段目标。阶段目标搭建是否合理，既是长远目标能否实现的必要前提，也是衡量职业生涯规划设计优劣的重要指标。长远目标是我们每个人的人生观、价值观的具体体现，是一个人努力奋斗的方向，具有一定的方向性，需要我们认真思考、慎重决定。在制定长远目标时，要能考虑这样一些问题：在什么时间、什么地点、做什么工作、做到什么程度等。

（2）阶段目标：阶段目标有三个特点：一是必须"跳一跳"，为之付出努力，不是轻而易举能达到；二是"够得到"，可望又可及，不脱离自身条件，不脱离社会现实；三是"很具体"，能让自己明确，为实现这个目标到底需要从哪几个方面做出哪些具体的努力。

阶段目标应包含以下四要素：一是"什么"，即具体的职位、技术等级等；二是"何时"，即什么时间达到；三是"内涵"，即该职位对从业者素质的具体要求，以及该职位对从业者可能有的精神、物质方面的回报或其他期望；四是"机遇"，即达到此目标应有的外部环境，以及环境变化后的调节手段或备选方案。以上四要素对阶段目标的阐述越具体、详尽，其激励作用越明显。

（3）近期目标：见后文。

2. 按期限来分，职业生涯发展的目标通常分近期目标、中期目标、长期目标和人生目标。

（1）近期目标：近期目标通常是指时间在 1～2 年内的目标，又分日目标、周目标、月目标、年目标。它是中期目标和长期目标的具体化、现实化和可操作化的目标；是摸得着、看得见、通过努力就能实现的目标；是职业生涯发展中第一个指向明确，并以此调整个性、提升素质的目标，具有特殊意义。

对一名中职生而言，近期目标有很多。例如：本学期学什么专业课？取得什么样的成绩？获得哪方面的等级证书？参加哪些社团活动？进行哪些社会实践？……使得自己在学校的这几年时间里，通过学习具备较强的综合能力，为下一步就业打下坚实的基础。既要务实，又要能激励自己，要能实实在在地帮助你"做好自己！"

（2）中期目标：中期目标一般为3~5年，它相对长期目标要具体一些，如参加提高技术水平的培训并获得等级证书、护理职业资格证书、医师证等。

中期目标通常与长期目标保持一致，要结合自己的志愿、工作的环境及要求来制定的目标；用明确的语言来定量说明；对目标实现的可能性做出评估；有比较明确的时间，且可做适当的调整；基本符合自己的价值观，充满信心，愿意公布于众。

（3）长期目标：长期目标时间为5~10年以上，它通常比较宏观、不具体，但具有挑战性。它可能随着自身环境和形势的变化而变化，在设计时以画轮廓为主，必须认真选择符合自己的价值观，并与社会发展需求相结合。

（4）人生目标：人生目标是指整个人生的发展目标，时间长至40年左右。一般说来，短期目标服从于中期目标，中期目标服从于长期目标，长期目标又服从于人生目标。

二、职业生涯发展目标的选择必须符合发展条件

职业生涯没有目标不行，目标太多不行，目标总变也不行。目标分解是在现实处境与美好愿望的实现之间建立可拾级而上的阶梯，它的确定和选择必须符合内在、外在的发展条件。

（一）职业生涯发展目标选择应适合自己

20世纪最伟大的哲学家萨特说过一句富于哲理的话："人有选择的自由，但是没有不选择的自由。"这位大师的话道出了这样一个真理：人生处处有选择。选择，贯穿着我们的生活，关系着未来的发展，关系着未来的方向，对与错都是自己的选择，关键是要做出最正确的选择。

我们每天都在做着各种各样的选择：一日三餐吃什么，出门穿什么，和谁一起玩，学习中怎么安排复习，准备找什么样的工作等。我们进入中职学校学习是选择；三年的中职学生生涯结束后，是继续考高职还是就业是选择；就业还是创业也是选择。这些选择都要求我们每一位中职学校的学生要为此思考，什么样的选择才是适合自己的，也是正确的选择。

1. 职业生涯目标的选择应符合个人条件　人职匹配是理想的职业状态。要先明确个人条件，再定位职业目标。个人条件分为主观条件和客观条件。个人主观条件包

括兴趣爱好、性格特点、能力水平、价值观取向及行为习惯等。个人客观条件包括了个人体质、学业基础、家庭情况等。

一只秃鹰飞过王宫，看见王宫中的一只黄莺十分受国王的宠爱，于是就问黄莺："你是怎么得到国王宠爱的？"

黄莺回答说："我到王宫后，唱歌十分动听，国王非常喜欢听我唱歌，就经常拿各种美食喂我，还用珍珠来打扮我。"

秃鹰听了，心中很是羡慕，就想到："我也应该学学黄莺，这样说不定国王也会喜欢上我的。"于是它就飞到国王睡觉的地方，开始叫起来。正好国王在睡觉，听了秃鹰的叫声，国王派手下去把秃鹰抓来，并命令拔光秃鹰的羽毛。

秃鹰浑身疼痛，满是伤痕地回到鸟群中，它恼羞成怒，到处对别的鸟儿说："这都是黄莺害的，我一定要报仇！"

问题：秃鹰的问题到底在哪里？

万丈高楼平地起。人们在任何时候、任何条件下、从事任何工作，都要把这些个人条件作为出发点、立足点，才能积极有效地行动。只有对个人条件有了较为清晰的认识，才能实事求是地设定职业生涯的目标，走出从众茫然及不切实际的误区。只有充分了解了自己的优势和劣势，才能"避短"及"补短"，使自己增加优势，减少劣势。例如我们就读于中职卫生医疗学校，我们的专业面向的是相关的职业群，即健康服务业。因此，选择面窄一些，不能完全按照个性特点选择职业。我们处于可塑性强的青少年时期，价值观还未正式形成，强调"兴趣能够培养、性格能够调适、能力能够提高、习惯能够养成"的观点，按照健康服务业的从业范围，大致选取自己感兴趣的方面，培养兴趣、调适性格、提高能力、养成习惯，从而形成正确的价值取向，使得在"今天的我"的基础上，向理想中的"明天的我"逐渐靠近。"明天的我"到来之时，也就意味着近期目标、中期目标和远期目标会依次实现。

2. **职业生涯目标选择应符合外部环境**　家庭环境、学校环境、职业环境、行业环境、区域环境和社会环境等都是影响职业生涯目标选择的环境因素。

职业发展的方向必须遵循"两种需要"及"两个符合"的原则。"两种需要"是指满足社会经济发展的需要、满足个人职业发展的需要。"两个符合"是指符合经济社会实际、符合个人实际。因此，影响职业生涯发展目标选择的环境也分为两大类，即适应社会经济发展的大环境和适应个人发展的小环境。

在进行职业生涯规划时，必须对外部环境进行分析，了解医护部门用人的"行情"，医护部门需要什么，做到心中有数。在学业和就业的过程中，也要遵照国家方针、政策的变化，及时进行必要的调整，才有希望在激烈的人才市场竞争中实现自己择业的目标。

案例 4-3 　　从前，有两个饥饿的人得到了一位长者的恩赐：一根鱼竿和一篓鲜活硕大的鱼。一个人要了一篓鱼，另一个人要了一根鱼竿（图4-3），接着他们就分道扬镳了。得到鱼的人原地就用干柴煮了鱼，他狼吞虎咽，很快连鱼带汤都吃了个精光，几天后他饿死在鱼篓旁边。而另一个人却提着鱼竿继续忍饥挨饿，一步一步艰难的向海边走去。可当他看到不远处那片蔚蓝的大海时，他的最后一点力气也使完了，只能眼巴巴的看着大海，带着无尽的遗憾撒手人寰。

图 4-3 　长者的恩赐

问题：1. 如果是你，你会选择哪种方式继续生存呢？
　　　2. 你有没有更好的方法？

（二）职业生涯目标的选择方法

1. 职业生涯目标选择的确立原则　　职业生涯分五个阶段，即职业准备期、职业选择期、职业生涯初期、职业生涯中期和职业生涯后期。在每个阶段目标的确立时应该运用 SMART 原则。

（1）具体的 S（specific）：目标必须明确而具体，不要用笼统含糊的语言，哪怕是职业生涯后期的目标的确立，就要根据前期的目标准确的定义出来，或者得出职业的方向。

（2）可衡量的 M（measurable）：目标必须能量化、可测定。这样的你才有可以衡量成功或者失败的标准，从而可以准确地评价自己是否达到自己的目标。

（3）可完成的 A（achievable）：目标的合理性、挑战性。也就是说，就你的个人能力和特点而言，目标是有可能现实的，但又有一定的难度。

（4）有价值 R（rewarding）：指目标有意义、有价值，并有奖惩的措施。也就是说，实现这个目标能带给你成就感、愉快感；反之，则会使你有所损失。

（5）时限性 T（time-limited）：必须规定起始和完成的时间。不能将目标统统定为"在中职毕业前完成"。经验告诉我们，以一周、一个月或者一个学期为单位设立目标，会比将事情都堆到中职毕业前完成要有效得多。

知识链接

职业生涯的设计有"四择"（图4-4）

择己所爱：选择自己喜欢的。
择己所长：选择自己有优势的。
择世所需：选择社会所需要的。
择己所利：选择收益最大的。

图 4-4 　四择

2. 职业生涯目标的选择方法　选择了职业生涯发展目标以后，还应该选择达到这一目标的职业生涯方法。职业生涯目标的选择方法是指一个人选定职业后从什么方向实现自己的职业目标。掌握科学的目标选择方法，才能真正做到理想的规划，才能用目标指引方向。

（1）SWOT（态势分析法）：S（strengths）—优势、W（weaknesses）—劣势、O（opportunities）—机会、T（threats）—威胁，是一种功能强大的分析工具，是检查个人技能、职业、喜欢和职业机会的有用工具。运用这种方法，可以对自己所处的情景进行全面、系统、准确的研究，从而制定相应的目标。我们所确定的目标应该是自己"能都做的"（即自身的强项和弱项）和"可能做的"（即环境的机会和威胁）之间的有机结合。也就是说，S、W为个人条件，O、T为外部环境。

 **萍萍的护士资格考证SWOT分析**

个人简介：萍萍，女，16岁，某中职医药卫生学校二年级护理专业学生。在校期间学习了外科护理、内科护理、儿科护理等相关专业课程，成绩一般。萍萍性格活泼、开朗，并且能吃苦，做事积极。

S：1. 就读规范中职学校，这些学校都配备高素质的师资队伍和专业实践动手条件。
　　2. 护理类专业毕业生毕业当年就可以考证，使学生能顺利就业。
　　3. 正在中职学校学习，知识的"保鲜度"较高，有利于护士资格考证。
　　4. 年龄和个性等条件较为适合。

W：1. 年龄小，自我管理和主动学习能力较差。
　　2. 基础文化知识薄弱导致学习医学知识乏力，所以成绩不是很理想。
　　3. 中职学校加强文化课，以提高学生文化素养，学习专业知识的时间减少。

O：1. 学校非常重视护士执业资格考试，围绕考试有相关的学习和锻炼。
　　2. 相关知识都能学到。

T：1. 中职生与大专、本科生同台竞争，同一套题目、同一个标准，中职生缺乏竞争力。
　　2. 没有取得执业资格，就业就会很难，进入好医院、三甲医院，根本就没有希望。

问题：根据上面的条件，请为萍萍设计最后一学年的职业发展目标。

（2）职业生涯发展目标的选择方法步骤

① 预测（筛一筛）：预测是设想各种方案并进行可能性评估，估计其可能产生的结果（包括成功的结果和失败的风险）。不论是长期目标还是短期目标、阶段目标，在确立下来之前都要"筛一筛"，去掉不切实际、不能达到的目标。

② 衡量（量一量）：衡量职业生涯发展目标的可行性，即在预测结果的基础上，对设定的发展目标进行考量，结合自身实际，综合各种因素，遵循一定原则，确定最适合自己，最具可行性的目标方案。一般通过三方面来进行衡量。

了解发展目标对从业者的素质要求，衡量本人现实条件与之匹配的程度。

例如，护理专业所需人员要具备以下素质要求：护理人员素质的核心——职业道德；护理人员素质的内涵——知识、心理、技能；取得本专业职业资格证书及相关的技能证书。一般素质要求：本人性格乐观、稳重、有活力，待人热情、真诚；工作上认真负责，积极主动，能吃苦耐劳；有较强的责任意识、实际动手能力和团体协作精神。

了解发展目标对从业者可能有的回报，衡量本人价值取向得到满足的程度。

了解发展目标对外部环境的要求，衡量本人可能有的发展机遇与之相符的程度。家庭成员是否理解和支持；区域经济发展特点是否有助于自己的发展；行业发展动向对自己带来的发展机遇；衡量衡量自己"我能干什么？"

③ 比较（比一比）：比较是在衡量所得结果的基础上，对各种备选方案比较、排序，确定最优方案，比较目标优劣即"比一比"（表 4-1）。挑选出的方案必须是最符合本人发展条件和最有激励作用的方案。

表 4-1　生涯发展目标决策分析程序

预测			衡量				比较		
列出备选方案	分析达到可能	缩小备选范围	与个性匹配	与环境适应	与现实基础符合	与变化趋势一致	对需要的满足	考量各方案	评价优选

第 2 节　职业生涯发展要精心设计

案例 4-5　　　　　　　世界工商界领袖的第一份工作

1. 惠普公司（HP）董事长兼 CEO 卡莉·费奥利娜的第一份工作：房地产投资经纪公司的接线生。

2. 美国新闻集团的创办人默多克的第一份工作：在父亲的安排下在伯明翰的《公报》负责一个专栏的工作——《每日谈》专栏。

3. 美国波音公司董事长兼 CEO 菲利普·康迪特的第一份工作：1965 年加入波音公司担任空气动力工程师。

4. 德国博世公司创始人、火花塞发明者罗伯特·博世的第一份工作：毕业后在美国当工程师。

5. 日本佳能公司创始人御手洗毅的第一份工作：北海道大学毕业后成为大学附属医院妇产科的助手。

……

问题：你怎么看待这些世界工商界领袖的第一份工作呢？

职业生涯规划是一个环环相扣的连续过程。在制定职业生涯规划的设计过程中，必须利用科学的方法，按照一定的步骤，符合特定的原则，保证制定的职业生涯规划是科学的、有效的。

一、职业生涯规划制定的原则

（一）实事求是

准确的自我认识和自我评价是制定个人职业计划的前提，所以对自己要有清醒的认识。

（二）切实可行

个人的职业目标一定要同自己的能力、个人特质及工作适应性相符合，一个学历不高又无专业特长的刚入职的中职学生，却一心想进入管理层，在现代医疗事业单位中显然不切实际。其次，个人职业目标和职业道路确定，要考虑到客观环境条件。例如，在医疗事业单位里，刚毕业的中职学生就不宜把担当重要管理工作确定为自己的短期职业目标。

（三）协调一致

个人是借助于企业而实现自己的职业目标的，其职业计划必须要在为企业目标奋斗的过程中实现。离开企业的目标，便没有个人的职业发展，甚至难以在企业中立足。所以，个人在制定自己的计划时，职业计划目标要与企业目标协调一致。

（四）适时修正

计划一经制订，并非一劳永逸，尚需依据客观实际情况及其变化，不断予以调整、修改和完善，使之可行，且行之有效。

二、职业生涯规划设计的步骤

虽然每个人的职业生涯规划的内容因人而异，但就制定个人职业生涯规划时所要考虑的要素却是基本相同的，一般包括个人基本情况；对个人能力、兴趣、潜力、职业生涯需要及追求目标的评估；个人外部环境分析。

根据上述几方面的理解，我们制定职业生涯规划时可以按照自我评估、生涯机会评估、职业生涯目标与路线的设定、职业生涯策略的制定与实施、职业生涯规划的反馈与修正五个基本步骤。

（一）自我评估

是指个体通过各种信息来确定自己的兴趣、个性、能力、价值观和行为取向的一个认识自我和了解自我的过程，是收集自己的信息、做出明智的职业选择的第一步，即我们在前面提到的个人主客观条件。

自我评估涉及的因素很多，其中重点要分析的是自己的价值观、兴趣和个性心理特征。

（二）生涯机会评估

主要是评估各种环境因素对自己职业生涯发展的影响，即评估我们的外部客观条件。它为每个人提供了活动的空间、发展的条件和成功的机遇。要想对自己的职业生涯做出正确的规划，除了要全面地认识和了解自我之外，还要了解外部环境，即对职业生涯机会进行评估。只有对这些环境因素充分了解，才能做到在复杂的环境中避害趋利，使你的职业生涯规划具有实际意义。

> **知识链接**
>
> 根据世界卫生组织对各成员国卫生人才资源统计结果显示，许多国家护理人才紧缺。而我国护士的数量也远远不够，医护比例严重失调。我国医院的医生和护士的合理比例是1∶2，重要科室医生和护士的合理比例应是1∶4。而目前全国1∶0.61的医护比例远远达不到要求，与1∶2.7的国际水平相差很大，与发达国家1∶8.5的比例相差更远。到2015年，我国的护士数量将增加到232.3万人，平均年净增加11.5万人，这些都为学习护理专业的毕业生提供了广阔的就业空间。

（三）职业生涯目标和路线的设定

职业生涯目标和路线的设定，是在充分认识自我、对生涯机会进行评估后，对职业发展方向做出的抉择。职业生涯目标和路线的抉择，是以自己的最佳才能、最优性格、最大兴趣和最有利环境等条件为依据的。

（四）职业生涯策略的制定与实施

1. 职业生涯策略的制定　制定职业生涯策略既要决定"应该做什么和怎么做"，也要决定"不能做什么"，还要包括个人资源的配置计划。具体来讲，职业生涯策略包括以下几方面。

（1）工作策略：即为达到工作目标，计划采取哪些措施提高工作效率；通过这些努力实现个人在工作中的良好表现与业绩。

（2）学习与培训策略：即在业务素质方面，计划采取哪些措施提高业务能力；在潜能开发方面，计划采取哪些措施开发潜能等；还包括超出现实学习或工作之外的一些前瞻性准备，如参加业余时间的课程学习或有针对性的教育与培训，掌握一些额外的技能与专业知识。

（3）人际关系策略：即如何在职业领域构建人际关系网络，为未来的发展寻求更广泛的支持与合作空间。

2. 职业生涯策略的实施　职业生涯目标是职业生涯规划的关键，职业生涯策略和具体的计划与措施是实现职业生涯目标的保证，但是，仅仅设定目标、制定策略和计划，如果不去实施，不去行动，那么再好的目标也是空想，再好的策略和计划也是一纸空文。有目标，更要有行动。因此，要实现自己的职业生涯目标，就必须将策略和具体的计划转化成实际的行动。在职业生涯策略的具体实施中，一定要排除一切干扰目标实现的种种因素，坚持不懈地为实现自己的职业生涯目标而努力。

（五）职业生涯规划的反馈与修正

反馈与修正是职业生涯规划的重要环节，也是保障职业生涯规划能否实施的关键环节，只有通过不断地反馈与修正，才能保证目标的合理性和措施的有效性，也才能保证生涯目标的最终实现。但影响职业生涯规划的因素很多，除了个人自我认识的偏差之外，还有许多外界环境因素。其中有的因素是可以预测的，有的则无法预测；有的因素是可控的，有的则是不可控的。这就要求我们必须根据实际情况的发展变化而不断地对职业生涯计划进行评估和修正。

三、职业生涯规划阶段目标的设计

（一）阶段目标的设计要求

1. 方向正确　总的方向要正确，这是阶段目标设计合理的前提。

2. 明确具体　目标不明确、具体，很难达到想要的预期。要充分考虑具体职位、技术达到什么程度，何时达到既定目标，以及自身的素质要求及外部环境变化带来的机遇。

3. 切实可行　我们要反复强调目标是必须可以达到的、行之有效的、适当的。所谓的"空中楼阁"式的目标，会让人失去兴趣而导致行动失败。如果个人条件达到了，但因环境限制而影响目标的实现，说明目标定得不成功。目标过高或过低，都会导致后期目标实施失败。

（二）阶段目标的分段依据

1. 以时间目标分段　职业生涯规划的阶段目标即可分为近期目标和中期目标两

大段，也可细分为3～5年为一个阶段设定目标。

2．以业绩目标分段　比如做药品销售，设定收入目标，可以把收入目标转换成营业额的目标。营业额比收入金额大很多，所以当营业额目标完成时，会有更大的成就感。

在分段时要重视第一阶段的定位。因为第一阶段大部分精力都在用于做准备工作，为成功做铺垫。年初时的能力和年末时的能力，以及年初、年末所拥有的人际关系、顾客积累、各方面的资源都是不一样的。所以，在做的过程中，能力会逐渐增强，目标也应逐渐提高。很多人失败的一个重要原因，是采用了目标平均分段法，使自己在第一阶段能力还不够强的情况下，就给自己定下一个压力过大的目标。在第一阶段，心理还不够坚强的时候就承受太大的压力，很容易有挫败感，而导致自己对自己失去信心，造成停滞不前的困顿局面。假如第一阶段只完成10%，而不是25%，目标会更容易完成。当第一阶段的目标顺利完成后，自信心就会大大增加，接下来，其他阶段的目标就容易顺利达到了。另外，无论长远目标是什么，无论怎么分段，我们所学专业对应的适合横向、纵向发展的职业，都应该成为确定阶段目标的重要依据。

3．其他分段依据　可以按职务晋升设计自己的阶段目标，也可以按职业资格标准的提升来安排自己的阶段目标，还可以根据自己的年龄不断地增长变化来设定目标等。

在表现形式上，有人用简图，有人用表格，有人用文字叙述，有人兼而用之，这些都是可以的，要知道，形式都是为内容服务的，关键在于要简明扼要、一目了然，能发挥阶段目标的自我激励和自我监督的作用。

为了保证阶段目标的顺利完成，某护理专业学生制定了如下措施来加以保障（表4-2）。

表4-2　实现目标的措施

规划类型	阶段目标	实施时间	具体措施
短期职业规划	中职顺利毕业	第一学年	1．充分利用校园环境及条件优势，努力学习医护知识，熟悉相关医护操作技术流程，培养学习能力和生活能力 2．认真学习以语、数、外为基础的文化课相关知识 3．培养和提高组织、协调能力和人际交往能力 4．培养自己的兴趣爱好，多参加与专业有关的实践活动 5．与同学建立良好的关系
		第二学年	1．学好内科、外科、儿科、妇产科等学科的基础知识 2．掌握医护操作技术，并通过职业技能考试获取证书 3．学好语数外等文化基础课程，为考取高职奠定基础 4．在考试中取得好的成绩，在操作技术上得到老师的认可，顺利进入临床实习，争取评上优秀毕业生

续表

规划类型	阶段目标	实施时间	具体措施
短期职业规划	中职顺利毕业	第三学年	1. 尽快适应实习工作环境，尊重带习老师，建立良好的师生关系 2. 克服恐惧心理，保持良好的心态，磨炼坚强的意志 3. 听从指导老师安排，勤学苦练，做事不怕苦、不怕脏 4. 实习中多做、多看、多学，培养不耻下问的求学精神 5. 利用空余时间抓紧时间复习相关考试内容（护理专业面临护士执业资格证考试和升高职考试）
中期职业规划	拿到高职文凭（大专文凭）	高职阶段	1. 加强英语学习和训练，争取英语等级证书 2. 加强计算机的应用训练，争取计算机等级证书 3. 认真学好各门课程，争取以优异的成绩完成学业 4. 加强技能训练，考取相关的执业资格证书 5. 政治上要求进步，争取担任学校学生干部，为涉足社会努力提高自己的综合能力
长期职业规划	到乡镇医院做医护工作	职业发展阶段	1. 了解各乡镇医院对自己专业的需求状况 2. 收集有关医院的招聘信息 3. 准备好个人资料，选择适合自己的医院应聘 4. 安心基层工作，适应工作环境，尽快完成角色转换 5. 努力钻研业务，自觉加强职业道德修养，尽快成为一名称职的医务工作者 6. 处理好工学矛盾，在条件允许的情况下，完成专升本的学历提升 7. 完成由初级技术职称到高级技术职称的晋升

四、职业生涯规划近期目标的制定

（一）近期目标的制定要求

近期目标是个人的阶段目标和长远目标的第一步，并以此调整个性、提升素质的目标，具有特殊意义（图4-4）。如果第一步有什么偏差，就可能错过机遇，浪费时间。近期目标也是最清楚的目标，时间近所以可操作性强，因此在制定之时要遵循下列要求。

1. 脚踏实地，不好高骛远　我们的近期目标，应该是通过努力就能达到的目标，是我们攀登山峰的第一步。能让我们品尝到成功的喜悦，得到"成功者"的心理体验，更能为将来树立"成功者"的信念，增强为长远目标奋斗的决心。

图4-4　我们的未来

2. 内涵充实，能激励斗志　目标内涵实在，可增强自己实现的欲望。同时，还有激励斗志的效果。

3. 指向明确，各有特点　不同年级、不同专业的中职学生，各有各的要求和需要，但中职生的目标要么是就业，要么是升学。因此，目标都应各具特色、个性化，与自己的长远目标一致。

4. 具有弹性，适当调整　近期目标的制定要考虑职业生涯环境的变化，目标要具有弹性，可随着环境的变化能进行适当的调整。

5. 明确目标，能够评估　制定近期目标时，要为将来可进行检查和评估提供依据，科学有条理地修正职业生涯规划。

（二）实现近期目标的要点

1. 行动要有效　行动始终要围绕目标进行，才是行之有效的行动。在行动中，要不断对偏离目标的行动加以约束，使行动向着目标前进。

2. 要具备"三心"　"三心"即"决心""恒心""耐心"。目标即"决心"，坚定信心，不放弃，避免踌躇不前。提醒自己，在到达目标的过程中，从量变到质变的过程中，也许时间要比想象中更长，要有"恒心"，要坚持不懈，切莫轻言放弃。所以"耐心"告诉我们，放弃等同于失败，包括前面付出的努力和辛劳，坚持才能收获成功。尤其是在遭遇挫折困难、同行的人都已停止时，你的"恒心"和"耐心"就显得更加弥足珍贵了。

3. 要与时俱进　制定目标不能闭门造车，或只看到前人、成功人士的经验。我们的社会是不断发展和变化着的，目标必须根据环境的变化及时进行修改、调整，甚至不得不放弃。这时的放弃是对环境的深入认识，是明智之举。选择和放弃相辅相成，放弃了不合理的，就增大了顺利发展的可能性。

知识链接

勤奋＝效率＝成绩/时间

勤奋已经不是时间长的代名词，勤奋是最少的时间内完成最多的目标。

4. 要统筹时间　为达到目的，时间的安排也是非常重要的，要让时间为目标服务。

知识链接

现代管理学之父德鲁克曾说："时间是最高贵而有限的资源，不能管理时间，便什么都不能管理。"

孔子曰：逝者如斯夫，不舍昼夜。（时间一去不复返，年华似水不回头。）

庄子云：人生若白驹之过隙，忽然而已。（人的一生太短暂了，忽然间就过了）

第3节 中职生（阶段）职业生涯规划实训

一、自我认知

自我认知是同学们对自我兴趣、人格、能力、价值观等方面的全面了解。如果一个人不能正确地认识自我，看不到自我的优点，觉得处处不如别人，就会产生自卑，丧失信心，做事畏缩不前；相反，如果一个人过高地估计自己，也会骄傲自大、盲目乐观，导致学习、工作的失误。坐标橱窗，见图4-5。

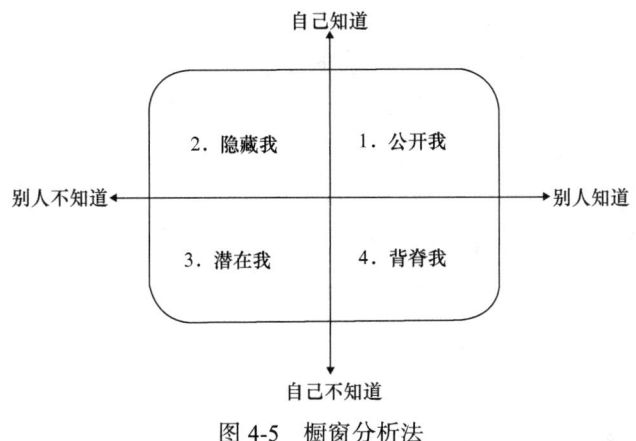

图 4-5　橱窗分析法

1．为自己知道，别人知道的部分，称为"公开我"，属于个人展现在外，无所隐藏的部分。

2．为自己知道，别人不知道的部分，称为"隐私我"，属于个人内在的私有秘密部分。

3．为自己不知道，别人也不知道的部分，称为"潜在我"，是有待开发的部分。

4．为自己不知道，别人知道的部分，称为"背脊我"，犹如一个人的背部，自己看不到，别人却看得很清楚。

 案例 4-7　　　　　　　　　自 我 评 价

1．我的优势　我的折纸技术很好，别人总夸我手巧，我发现，每当我折纸的时候我都会特别的专心致志，这个习惯也让我做很多事情时能够更投入、认真且专注，并且还能使我的动手能力不断提高和变强。

同时，通过气质量表认识到我的气质是黏液质。我有些内向，但是我具有细心和耐心，使我的脾气很好；我做事踏实而稳重，具有自我调节的能力，我相信我一定能走向成功的道路！

2. 我的劣势

（1）不爱说话　应在集体活动时与人交流。

（2）不喜欢交朋友　应向其他人了解交朋友的方法。

（3）不爱参加活动　应多参加集体运动。

（4）不太合群　应和朋友在一起多多聊天。

（5）缺乏毅力　应可拟定一个计划，如每天早上进行慢跑，从坚持1周的时间开始锻炼自己。

二、职业认知

包括了自己对职业道路的看法，正确的态度和具有职业责任心，以及自己将来在工作中的定位等。下面准备向各位同学提一下问题，请思考。

【问题】

1. 你是否知道你所学或所喜欢的专业都能从事什么样的工作？
2. 你对自己毕业后是否有明确的打算？
3. 你知道日后靠做什么工作而取得经济收入吗？
4. 你有明确的职业发展目标吗？
5. 你打算日后进入哪一行业？能说出业内的三个一流人物和企业吗？
6. 你现在有毕业后一定要去工作的企业吗？知道哪家企业的用人要求吗？
7. 你知道你要从事什么职业吗？
8. 你能说出自己崇拜偶像三个成功的关键原因吗？
9. 你能说出你所期望的工作状态吗？
10. 你有把握现在不准备也能够很好地应对毕业吗？

三、目标选择与实施措施

"千里之行，始于足下。"紧紧抓住易失的今天，从现在做起从今天做起，才是每一个渴望成功的中职生的唯一选择。目标的选择和实施措施必须紧密相扣，目标的选择必须依靠具体实施措施来达到。在思考目标的过程中，实现这些目标的方法、路径等，你都已经像过电影一样，进行了周密的考虑。现在，你需要把你思考的东西形成文字，进而变成你的书面行动计划。

【练习】如何检验目标？

1. 目标是否包括了我的学习与工作的主要特征？
2. 目标的数目是否太多？
3. 目标是否可考核，亦即我知道期末是否实现了目标？

1952年7月4日清晨，34岁的费罗伦斯（图4-6）从卡塔林纳岛开始了横游卡塔林纳海峡的尝试。那天早晨，雾很大，海水特别凉，她连护送她的船都几乎看不到。途中几次鲨鱼靠近了她，被人开枪吓跑。15个小时之后，她又冷又累，就叫人拉她上船，别人告诉她离海岸很近了，让她坚持下去。但她朝海岸方向望去，除了浓雾什么也看不到。15小时零55分之后，她被拉上船，而此地离加州海岸只有半英里！费罗伦斯后悔万分，"说实在的，我不是为自己找借口，如果当时我看见陆地，也许我能坚持下来。"两个月之后，她成功地游过同一海峡。

图4-6　费罗伦斯

问题： 请问费罗伦斯第一次横渡为什么没有成功？而第二次为什么成功了？

4．这些目标是否表示了数量、质量、时间、成本？

5．这些目标是否具有挑战性？

6．这些目标是否安排了优先顺序（次序、侧重）？

7．这套目标是否改进工作的目标及个人发展目标？

8．这些目标是否与组织目标及其他主管的目标相协调？

9．短期目标是否与长期目标相一致？

10．目标依据的假定是否已清楚查明？

11．所掌握的资源与权利是否足以去实现这些目标？

【对比】请大家讨论一下这两位同学，谁会取得成功（表4-3）？

表4-3　中职生甲、乙对比表

	中职生甲	中职生乙
中职三年总目标	专业成绩优秀，实践能力、组织能力有较大幅度的提高	拿到中职毕业证书，做个受社会欢迎的中职技能型学生
阶段目标	一年级上期：各门课程争取好成绩，特别是语数外等文化科目；参加学生会竞选和社团活动	用心学习，争取好成绩
	一年级下期：学习专业基础知识，多动手锻炼实践活动，争取各科好成绩；争取当班干部，积极参加学校和社团活动	
	二年级上期：学好专业知识，同时参加一些社会调查，学习人际沟通能力	
	二年级下期：提高自己专业技能技巧，学好相关的专业知识，积极了解实习情况，做好实习前准备	
	实习期：安排好实习和学习的时间，积极认真与老师同学们协作，争取以优异的实习成绩获得优秀实习生的称号。同时备战高职升学考试	
其他目标	坚持每周查错题习惯；锻炼身体，每周不少于四次锻炼身体；处理好人际关系	提高自我能力

一名中职护理生的在校计划（表4-4）。

表4-4 在校计划

知识学习	能力提升	活动锻炼	社会实践	获得奖励
1. 认真听讲，完成作业。利用业余时间补习英语和数学。重点学好医学相关知识 2. 毕业前争取考过护理执业资格考试，顺利拿到毕业证和执业证格证	1. 在班级任副班长，争取学生会会长一职 2. 积累管理经验。提高组织协调管理能力、交际能力、团队合作能力 3. 养成勤于思考，全面、细致考虑问题的能力	1. 组织班级活动 2. 组织诚信征文和诚信演讲比赛。组织开展书法绘画比赛 3. 带领同学们创办"校内小饰品店"等，积累创业经验	1. 利用周末、寒暑假到社区医院或诊所实习，锻炼与人沟通的能力和动手操作能力 2. 到学校所在社区报名当志愿者，增强关爱人、关爱社会的意识和能力	1. 获得"三好学生""优秀学生干部"等称号。争取获得学校奖学金 2. 积极争取参加全国中等职业学校"文明风采"竞赛和全国中等职业护士技能大赛，争取取得优异的成绩

温馨提示：中职生第一阶段的措施，都会涉及在校生活。这一阶段的目标和措施绝非仅为学知识、学技术，还需要综合素质的全面提升。落实目标的措施必须要有计划，成功没有偶然，机遇总是垂青有准备的人。为在校生活制订周密的计划，学会自我管理，是中职生的职业生涯规划的重要特点。

四、目标调整与改进

外部环境不断地进行着变化，而自身条件也在改变，要使职业生涯规划行之有效，就必须不断地对职业生涯规划进行调整和修改，所以调整职业生涯规划目标是必然的。一般来说，调整的最好时间一个是毕业前夕，一个是从业初期（工作3～5年）。

通过"我为什么干？"来提出新目标，制定新任务。例如：思考"1年后的我"，然后"毕业后的我""5年后的我"，以及"10年后的我"。通过"干得怎么样""应该怎么干"来思考长远目标和阶段目标的修订。

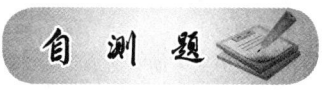
自 测 题

1. 请用简洁文字填写下表

围绕近期目标补充发展条件　　　近期目标：_____

方面	近期目标的要求	自己的优势	自己的差距
行为习惯			
道德水准			
职业性格			

续表

方面	近期目标的要求	自己的优势	自己的差距
职业兴趣			
职业能力			
文化水平			
专业知识			
其他			

2．请你用 SWOT 分析法分析一下自己目前的情况，填写下表

我的优势：　　　　　　　　　　　　　　　　我的劣势：

我的机会：　　　　　　　　　　　　　　　　我的威胁：

3．下面是一位康复专业中职生设计的职业生涯发展计划，你能通过此计划回答下列问题吗？

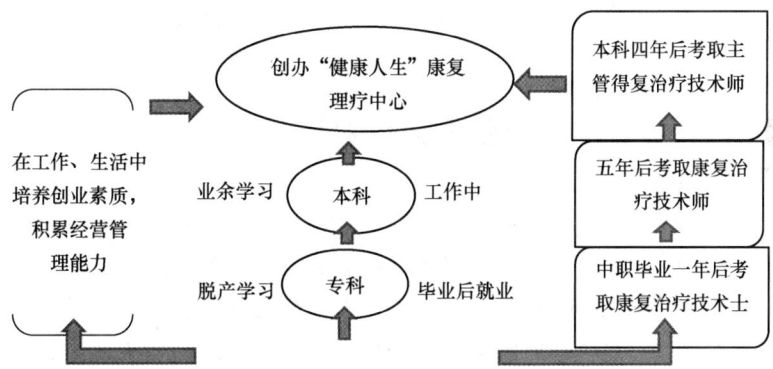

现在的我（中职二年级，17 岁）

（1）他的长期目标、近期目标是什么？

（2）他计划在多大岁数时成为康复治疗技术士？达到康复治疗技术师时大概的年龄？创业大概的年龄是多大？

（3）请讨论出这份示意图阶段目标有几种分段依据？

（4）依照此图，给自己的职业生涯规划画个发展示意图。

（5）给这份示意图提提建议，进一步完善它。

4．根据各自目标，为自己设计一个成长阶梯。

5．向老师和同学谈谈自己的近期目标及其实现长远目标的关系，听听他们的意见，通过反思后记录下来。

（刘　晓　宋晨升　胡梦非）

第 5 章 制定措施 管理职业生涯规划

随着经济社会的发展，科技的进步，职业的演变速度愈来愈快。中职生必须形成科学管理、适时调整职业生涯规划的观念，培养成功者的心态，确立终身学习的理念，养成珍惜时间的好习惯，不断学习新知识和技能，适应市场竞争的职业演变，管理、调整好自己的职业生涯规划，最终达成目标，为实现中国梦助力。

第 1 节 严格管理职业生涯规划

确定自己的职业生涯规划后，职业生涯规划并不是已经完成了，而只是"万里长征"刚刚走完第一步。我们中职生在校期间，必须加强对职业生涯规划的管理。抓紧时间，学好知识、练好技能，全面提高职业能力、职业素质，严格管理职业生涯规划，要克服"常立志"的现象，要树立"立长志"的信念和决心，为职业生涯可持续发展奠定基础。

一、职业生涯规划管理的意义

案例 5-1 小王就读于某中职卫生学校护理专业。她的目标是成为一名优秀的护士长。为实现这一目标，她在学习上严格要求自己，自定目标，每次考试成绩不得低于90分。她上课全神贯注听讲，认真记录老师讲解的每一个问题，每学一课，她都要给自己出题，并让同桌帮助提问。她还经常与同学交流学习方法。为锻炼自己，培养管理能力，提升综合素质，她主动找班主任老师，提出当班里的生活委员。同学生病了，她跑前跑后照顾，并找专业课老师帮助分析病因，从中学到不少知识。由于她工作认真，吃苦耐劳，乐于奉献，入学后半年被选为生活部长。在校三年，她连年获奖学金，被评为三好学生、优秀学生干部。她说："护士工作很高尚也很辛苦，我要提前进入角色"。

问题：1. 小王同学的职业生涯规划是什么？
2. 为实现这一目标，小王表现如何？

（一）管理与职业生涯规划管理

1. 管理是集中人的脑力和体力达到预期目的的活动。管理即是管得住、理得顺。

管理不仅表现在对人与人之间关系的调整，也决定如何运用自己的体力和脑力上，如早晨起来锻炼身体，然后去上班；再如工作先干什么，后干什么，采取积极手段。无论干什么，都需要集中自己的脑力和体力，否则就无法完成目的。

2．职业生涯规划管理是对规划的实行、组织、指挥、协调和控制，高效率地完成既定目标。职业生涯规划管理是一种实践过程，是知行的统一。

（二）职业生涯规划管理的主要意义

对于中职生来说，加强职业生涯规划管理，高效率地完成发展目标具有十分重要的意义。

1．能促进个人素质进一步提高。

2．能促进个人素质潜能的挖掘。在管理规划的过程中，充分调动个人的积极性，可以最大限度地发挥出个人潜在能力。

3．能促进更高层次自我价值的实现，从而产生成就感，在管理规划的过程中，能通过调整规划，修正规划，从而追求更高的价值取向。

4．能为职业生涯发展奠定良好基础。

管理是一种能力。管理能力是一种与职业生涯发展密切相关的能力，学会管理，职业生涯才会不断向前发展。

二、职业生涯规划管理措施

加强职业生涯管理，掌握管理规划的方式、方法，认真践行发展措施，能有效实现自己的职业生涯规划。

（一）明确管理的"四个要素"

1．管理主体　即由谁管理的问题。中职生在管理规划中，必须明确自身的主体地位，教师起督导作用。

2．管理客体　即管理什么的问题。主要明确对近期目标、阶段目标乃至长远目标的管理。

3．组织目的　即为何而管理的问题。管理规划过程中，做到有的放矢，避免目标落空。

4．组织环境和条件　即在什么情况下管理的问题。主要要求管理者经常分析、评估自身素质发展条件和外部发展机遇，力求做到适时调整规划。

（二）发挥管理的"五个职能"

实行、组织、指挥、协调和控制是发挥管理作用的五大职能。

1. 实行 是指管理主体即学生对发展职业生涯规划的具体落实。
2. 组织 是指采取各种具体行动如：学习活动、实践活动、社会调查等来推进规划的具体实施。
3. 指挥 是按规划部署执行的进程，并及时激励自己，强化必胜的信念。
4. 协调 是指处理好与同学、集体乃至和社会的关系，从而形成良好的发展环境。
5. 控制 是指掌控自己的行动，制约和矫正自己的行为。

（三）定期自我检查 认真执行规划

定期自检、自查规划的落实情况，是职业生涯规划管理的主要手段。主要检查两个方面。

1. 定期自我检查时间进度 即是否按时完成每一阶段目标，环节中存在哪些问题，如何解决。如果没有按时完成，必须采取补救措施，争取时间赶上下一个目标。
2. 定期自我检查预期效果 即是否达到预期目标，还需要在哪些方面进行完善和提高。如果没有达到预期效果，查找原因，找出差距，及时整改。

自我检查可以综合周计划、月计划，甚至年计划展开。制订下周、下月计划时，先回顾本周、本月落实的情况，回顾过程也是自我检查的过程。自我检查、自我评估，是自我管理、自我约束的有效形式，是形成自重、自省、自励的重要途径，是追求职业生涯成功的必要保证。

案例 5-2

学护理专业的小茹有一个厚厚的本子，每到晚自习时，她就在本上写着、画着，还不时地抬头思考或摇头……在一次班会上交流学习经验，小茹拿出了这个厚厚的本子。原来这个本子记录了小茹每天的学习收获：上面有老师强调的重点、难点，其中包括老师帮助改过的疑难问题，还有她为自己设计的日计划、周计划、月计划的学习内容及总结。同学们都称小茹是学霸。

问题：小茹的学习方法对你有启发吗？

孔子曰："立志有恒；克己内省；改过迁善；身体力行"。古人尚且能做到省察克治，更何况今人呢！

（四）善于请人监督 提高管理能力

当自我激励和检查不能起到预期效果时，我们可以请身边同学或老师监督自己。中职生世界观、人生观尚不成熟，约束自己的行为缺乏自控力，有时对实现职业生涯发展形成障碍，只有发挥集体力量，依靠集体智慧，相互促进、相互学习、相互监督，才能共同进步。

> **案例 5-3**　小刚是护士班唯一的一名男生，刚入学时他对学习没有兴趣甚至厌学，上课经常趴桌子睡觉。班主任老师找小刚谈心，交流思想，激发他的上进心，发现他的体育特长后，安排他担任体育委员，参与班级管理，培养他的责任心。并特意安排班里学习最刻苦的小莉与他同桌。在小莉的帮助和自己的努力下，小刚不到半年就克服了上课趴桌子爱开小差的毛病，学习成绩明显进步。期末考试他第一次拿到了"奖学金"。
>
> 问题：1. 小刚是如何改掉上课爱趴桌子的坏习惯的？
> 　　　2. 试一试，找出自己身上存在的坏习惯，请同学帮助监督、提醒，试一段时间后，看效果如何。

三、职业生涯规划管理从校园开始

（一）珍惜校园生活，树立终身学习的理念

> **案例 5-4**　著名经济学家于光远，在 86 岁时才开始学电脑，建立了自己的网站，打算开博客。据《北京晚报》报道，头顶著名经济学家桂冠的于老，晚年又开始攀登文学高峰，散文出手不凡，立志做一名 21 世纪的文坛新秀。90 岁之前，于老出版了 75 部著作。晚年的于老，每天花大量的时间坐在电脑前，除了吃饭、睡觉，他基本都在电脑上写着、学着……
>
> 问题：读了上面这个小故事，你受到了哪些启示？

　　随着经济社会发展和科技进步，职业演变速度不断加快。未来学家在 20 世纪末预测，21 世纪人类的职业大约每 15 年就更新 20%。而 50 年后现存的大部分职业将"寿终正寝"。在科技进步拉动下形成的生产力发展，是导致职业分化和演变的根本原因。面临新技术、新职业的挑战，中职生必须把握在校学习机会，珍惜校园学习生活。

　　中职学校是培养高素质技能型人才的摇篮，是中职生开启梦想之门，迈向成才、成功之路的桥梁。中职生要用技能改变人生，实现自己的梦想，就必须珍惜在校大好时光，努力学习、钻研知识、培养能力、提高技能。同时还要树立终身学习的理念，即使将来走向工作岗位，也要活到老、学到老，才能在激烈的市场竞争和不断加快的职业演变中生存与发展。

（二）强化时间观念　打好发展基础

俗话说："一寸光阴一寸金，寸金难买寸光阴"。时间就是生命，把握时间就是珍惜生命。人的职业生涯多说40年，算一下只有14 600天，中职生在校3年，算一算只有1095天。鲁迅的成功，有一个重要的秘诀，就是珍惜时间。他说："时间，就像海绵里的水，只要你挤，总是有的。"学生时代转瞬即逝，不珍惜在校时间，不打好基础，将来就会被飞速发展的时代淘汰。所以，要实现发展目标必须强化时间观念，制订一个在校学习计划，落实到日、周、月计划，防止浪费时间，从校园生活开始，尽早规划人生。

　　美国政治家、科学家富兰克林为自己制订了一张作息时间表：五点起床，规划一天事务，并自问："我这一天做了什么好事？"上午八午至十二点，下午二至五点，工作；中午十二点到一点，阅读，吃午饭；晚上六点至九点，用晚饭，娱乐，考查一天的工作，并自问："我今天做了什么好事？"

　　富兰克林说"那么别浪费时间，因为时间是组成生命的材料。"

　　问题：1. 富兰克林是怎样安排一天的作息时间？
　　　　　2. 你也试着制订一份一天的作息时间表。

第2节　适当调整职业生涯规划

一、职业生涯规划调整的必要性

有人说，计划赶不上变化，还不如不做计划。其实，我们是需要做好大方向的规划，再进一步调整小目标。正如皮克马利翁效应："人生有合理理想的定位，才会使自己成为期望中的自己。"中职生在进行职业生涯规划时，由于每个人自身条件和外部环境的不同，对未来目标的设定也就有所不同，一个人不可能对外部环境了如指掌，也不可能完全了解自己的所有潜能，这就需要中职生在职业生涯发展道路上，根据自身因素和外部环境的变化及实施过程中所得到的各种反馈信息，不断地对职业生涯规划进行调整、评估、再实践，再调整。

（一）应对外部条件变化的需要

外部条件的变化，既会给从业者发展目标的实现带来困难，也会给职业生涯发展带来新机遇，每个从业者必须正视现实，勇敢地面对挑战。要善于抓住机遇，不失时机地调整发展目标,根据新目标有的放矢地提高自己来适应外部条件的变化。

1. 实践中可能有的外部条件变化因素

(1)家庭环境的变化:如父母下岗失业,不可抗抗力、自然灾害等。

(2)学校环境的变化:如专业选择,教学特色,社会实践等。

(3)社会环境的变化:如就业市场需求的变化;行业发展趋势的变化;从业者所处的环境变化;用人单位需要的变化;新的发展机遇出现。

就业环境和学生的就业岗位是动态的:一方面,学生在经过一个时期的学习后,对原有的发展机遇会有更加清晰、深刻的认识;另一方面,发展机遇的评估是持续的。在未来实习、就业中,学生的第一个工作岗位可能和生涯规划一致,也可能不一致。学生在发展机遇重新评估中,必须把这些因素考虑进去。

2. 建立职业信息库 随着经济社会的发展,每一次技术革命都起源于某一项具有根本性和强大带动性的重大技术的突破,引发出新技术体系的建立和新产业升级,会出现新的工作岗位,创造新的就业机会。应对外部条件变化,中职生养成搜集信息的好习惯(表5-1)。现在的报纸、杂志、影视、互联网等都是学生获得信息的渠道。设计职业信息库,特别是建立积累几十个相关单位的信息库,知道自己的差距,也能间接洞察外界条件的变化。

表5-1 职业信息采集

单位名称	岗位描述	履职条件	自我分析
A市三级甲等医院××医院	招聘临床护士30人	1. 大专毕业 2. 护士上岗证 3. 两年以上工作经验优先	甲:高护毕业,中职毕业考取上岗证
A市二级甲等医院××医院	招聘门诊护士20人	1. 中专毕业 2. 护士上岗证	乙:卫校中专毕业,已考取上岗证
A市三级甲等医院××医院	招聘护士10人	卫校应往届毕业生	丙:卫校中专毕业,应届生上岗证待考

(二)适应自身素质变化的需要

自身素质变化主要是指由于本人的素质、能力的提高带来对自己目标定位的变化,无论是在学习还是在工作中,每个人都有不同的态度和不同的行为方式,每个人的自身素质通过他的具体行为表现出来。

1. 自身素质变化的主要表现 ①知识水平及职业素养的提高;②专业知识和专业技能的提高;③对所学专业的重新认识;④对新的专业生产新的爱好;⑤社会阅历的增加;⑥价值观和性格的变化;⑦思考问题的能力及思维方式的变化。

2. 在实践中把握自身素质的变化 了解自我,分析、反思、测试等都是有效方式,但不是全部。在实践中认识自己是非常必要的,因为一个人的自身素质要通过他的具体行为表现出来。事情是做的，不是想的。中职生想要真正认识自己，只有看自己在现实生活中的表现。学校给学生创设校内外实践活动，目的是让学生增长见识，提高能力；在实践中让学生分析自我，把握自身素质的变化。

随着人生发展的不同阶段，我们应该经常分析追求的目标及其价值，分析面临的变化。许多不成功的职业生涯规划，往往源于对外界和自身变化的忽视。职业生涯规划调整的实质，在于通过对以往成长经验的反思，审视自身情况的变化，主动适应外部条件的变化，并适时做出调整。

二、把握职业生涯规划调整时机

职业生涯规划既有稳定性，又有灵活性。每个从业者都要审时度势，适时进行调整。俗话说："机不可失，失不再来。"

调整职业生涯规划有两个最佳时期：一个是毕业前夕，一个是从业初期。

（一）第一个最佳调整时机——毕业前夕

在这时期，中职生常会感到入学时所定的职业生涯规划与实际有距离，甚至相差很远。主要原因有以下三点。

1. 在进行职业生涯规划时，对就业市场了解不够。
2. 环境和本人都有了比较大的变化。
3. 自己还没有完成由学习到工作的角色转换。

如果是第三个原因，说明规划并没有脱离实际，而是自己没能及时完成角色转变，应该快速适应社会进步的步伐，等完成角色转变后再考虑是否调整规划。

这一时期的调整要根据实训中和求职过程中的体验，依据就业市场供需实际进行调整。

（二）第二个最佳调整时机——从业初期

调整职业生涯规划的另一个最佳时期，是工作后 3～5 年。值得注意的是，初入工作岗位的第一年，除非有特殊机遇，一般不要轻易调整工作。因为此时尚未完全从学生角色中转变过来，在就业形势比较严峻的现实条件下，应当珍惜已到手的就业机会。相反，积累两年工作经验更重要。

调整原因有以下四点。

1. 初次择业难以找到十分适合自己的职业。
2. 经过一段时间的工作，发现自己确实不适合现在的工作。
3. 有了从业经历，对社会、对人生有了更深刻的认识，价值取向有所调整，对职业生涯发展目标有了更新的追求。

4. 发展的外部机遇有了重大变化。

三、调整职业生涯规划的策略

（一）努力做到"七要""七问"

1. "七要" 量己力、衡外情、定目标、选策略、重实践、善反省、再出发。这是调整职业生涯规划的七个步骤，也是调整职业生涯规划的七个支点。其中，有新意的是"重实践、善反省、再出发"。职业生涯规划具有实践性的特点，要在行动中落实，在行动中发现问题，重新规划自己的前进方向。职业生涯重在行动，一旦制订就要锲而不舍，朝着职业理想不断努力。

2. "七问" ①自己喜欢的工作到底是什么？②自己的专长到底是什么？③现在工作对自己的重要性？④有哪些工作机会可供选择？⑤我将要怎么做？⑥我做下一个工作将要做什么？⑦当我做现在的工作时将为我下一个工作做什么准备？

"七问"可以引导我们了解自我，促进我们反思，及时、详细、深刻地分析自我，从而更清楚地认识自己，不断地根据自己的实际情况调整职业生涯规划。

（二）自我条件重新剖析和发展机遇重新评估

每个人对自己的职业兴趣、能力会不断加深认识和优化，对社会发展、产业结构、行业发展变化会深入了解，不适应这些变化就必须调整职业生涯规划。

1. 自我条件重新剖析 自我条件重新剖析，是通过"我能干什么""我能干好什么"的自我审视，掌握个人条件的变化及其在职业实践中检验的结果。重在相对于第一次职业规划再重新分析发展条件。

（1）重新剖析可以在实践基础上进行。

（2）重新剖析可以在有了新的发展目标或调整意向时进行，避免中职生"眼高手低"。

（3）重新剖析也可以在自身或外部条件发生变化时调整，从而检验初定目标是否符合实际。剖析——调整——反馈——再调整，使职业生涯规划更贴近实际，更有实现的可能。

2. 发展机遇重新评估 发展机遇重新评估是通过"什么可以干"的自我审视，对就业环境进行再分析、评估自己职业生涯的机遇和阻碍状况。它是认为原目标不再适合，对新目标已有初步想法的前提下进行的。这时的中职生已掌握大量的第一手资料，而且已经有了亲身感受。其特点是指向明确，围绕新的初选目标实现的可能性，进行外部环境的调整。

（三）发展目标修正和措施修订

1. 职业生涯目标修正　职业生涯目标修正是指通过"我为什么干"的自我审视，在自我条件重新剖析和发展机遇重新评估的基础上，对新目标初步想法的确认，对近期目标、长远目标进行调整。

踏上工作岗位的五年

工作第一年——初入职场，适应社会；

工作第三年——明确定位或转换职业；

工作第五年——发展顺利或调整方向。

对职业生涯目标的修正，更侧重于目标的价值取向修正。已有实践经历的中职生与在校生相比，发展目标的价值取向不再是虚拟的、理论的，而是实在的、务实的。这对于修正职业生涯发展目标或阶段目标十分有益。在取得求职或从业实践经验的基础上，对原来价值取向进行深刻反思，是职业生涯目标修正的重要保证。

所以，选择更适合自己的发展方向和发展目标，是调整职业生涯规划的关键。

2. 职业发展措施修订　职业发展措施修订是指通过"干得怎么样""应该怎么干"的自我审视，根据修正后的长远目标和阶段目标，制定新的自我提升措施。

要使职业生涯规划行之有效，就必须不断地对职业生涯规划进行评估、修正，并且及时调整自己原定的职业生涯规划。

职业生涯规划不是永恒不变的，而是需要不断调整的，如果设定的目标是错误的就需要重新修订它。只有制订符合自己发展条件，真正促进个人发展的规划，才是最现实、最有用的规划。

美国现代成功学专家安东尼·罗宾说："知道目标，找出好的方法，起身去做，观察每个步骤的结果，不断修正、调整，以达到为止"。因此，在实现职业生涯规划的过程中，中职生需要经常回顾并检查自己的规划，看一看是否能帮助自己达成最高目标。

第3节　职业生涯规划管理实训

一、实　训　目　标

结合本课所学内容，通过实训，使学生掌握　、管理职业生涯规划的方法，认真践行发展措施。

二、实 训 内 容

1．设计一份职业生涯规划发展目标：阶段目标或长远目标。
2．编排一份实现目标的计划。
3．指出实现目标存在的最大差距，落实整改措施。

三、实 训 要 求

1．制订的目标要实现、具体、有针对性。
2．找差距定位要准确，恳请同学帮助要真诚，也可以请老师、家长督促。
3．落实计划要有措施。
4．整改过程避免流于形式，要见实效。

四、实 训 步 骤

（一）科学剖析自我

1．实现发展目标的优势和不足。
2．查找存在问题的原因。
3．设计整改时限。

（二）实训操作阶段

1．老师简单讲解实训内容的要求及注意事项，提示学生可以制订在思想、纪律、行为、学习态度、习惯、交往、关心集体、劳动等方面一项或几项目标。
2．每个学生自愿组合，结成对子，做到相互监督、互相学习、互相改进。
3．老师要随时检查学生的操作情况。
4．把握整改时限，争取达到预期目标。

（三）总结

1．学生之间可以分组交流。
2．每组推荐一名同学在班上总结。
3．最后老师点评。

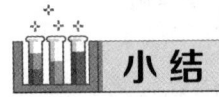

小 结

没有经济社会的发展和科技进步，就没有生产力的发展，也就不会有职业的演变。职业生涯规划管理和调整是顺应时代发展的需要，中职生只有掌握管理、调整职业生涯的方式方法，确立终身学习的理念，珍惜在校学习时间，才能为职业生涯发展奠定良好基础。

在职业生涯发展的道路上，只要不放弃目标，每一次挫折，每一次失败都是有价值的。

自测题

选择题

1. 导致职业分化和演变的根本原因是（　　）
   A．社会分工不同　　B．生产力发展
   C．老工艺不断消亡　D．新工艺不断诞生
2. 虽然人们对职业生涯成功的理解不同，但有一点是共同的，那就是职业生涯的成功（　　）
   A．能促进个人素质的进一步提高
   B．能促进个人素质潜能的挖掘
   C．能让人产生自我价值实现的成就感
   D．以上全包括
3. 加强职业生涯规划管理，落实规划需要（　　）
   A．组织　　　　　　B．协调
   C．指挥　　　　　　D．实行
4. 职业生涯规划管理，是对计划的（　　）高效率地完成既定目标。
   A．实行、组织、指挥、协调和控制
   B．实行、组织
   C．指挥
   D．协调、控制
5. 职业生涯规划管理的重要手段（　　）
   A．定期自我检查　　B．善于请人监督
   C．强化时间观念　　D．拓展管理空间
6. 未来学家在20世纪末预测，21世纪人类的职业大约每15年就更改（　　）
   A．10%　　　　　　B．20%
   C．30%　　　　　　D．50%
7. 调整职业生涯规划的第一个最佳时期是（　　）
   A．新生入学　　　　B．刚毕业
   C．毕业前夕　　　　D．从业初期
8. 中职生职业生涯发展外部条件的第一个变化很可能是（　　）
   A．就业市场需要
   B．产业结构调整
   C．新技术、新工艺出现
   D．人际关系发展变化
9. 调整职业生涯规划的关键是（　　）
   A．我为什么干？
   B．我干得怎么样？
   C．选择更适合自己的发展方向和发展目标
   D．放弃原有计划
10. 对职业生涯目标的修正，更侧重于目标的（　　）
    A．价值取向　　　　B．发展目标
    C．发展措施　　　　D．完成目标的时间
11. 调整职业生涯规划的方法（　　）
    A．自我条件重新剖析
    B．发展机遇重新评估
    C．发展目标修正和措施修订
    D．以上全包括
12. 对原来价值取向进行深刻反思，是职业生涯目标修正的（　　）
    A．重要条件　　　　B．重要措施
    C．重要保证　　　　D．重要基础

（胡梦非　文淑红　周　伟）

第6章 提高能力　促进职业生涯发展

对于中职生来说，无论是在校学习期间，还是将来毕业走上社会，职业生涯的规划和发展都伴随我们共同成长，个人职业生涯的发展是一个连续、不间断的积累过程，并且呈螺旋式上升的状态。一个人的职业生涯发展能否成功，不仅取决于某一个时间或某一个时段我们做了什么，而且取决于我们在整个职业生涯中的表现。在学校中的学习和生活就已经开始了职业生涯发展的准备，这一阶段的主要任务是不断地汲取知识，培养自己各方面的能力，为将来步入职场打好基础，做好准备。

第1节　正确认识就业与创业

案例 6-1　小敏是卫校护理专业的学生，来自农村，家里经济比较拮据。在学校期间，她学习刻苦，成绩优异，为了减轻家庭负担，还在利用业余时间做兼职。进入三年级后，她被学校安排在一家医院实习，由于她工作踏实认真，技能掌握较好，深得带教老师和患者的好评，获得了留在这家大医院工作的机会。但是，小敏觉得这家医院人才济济，作为中职生的她即便留下来，由于学历较低，发展受限。于是，她毅然选择回到家乡的县级医院当了一名护士，她获得了很多锻炼的机会，很快在工作中崭露头角，成为医院重视和培养的业务骨干。

问题：1. 你怎样看待小敏的职业选择？
2. 就业时你更看重哪些因素？

人生的道路虽然漫长，但紧要处常常只有几步，踏入中职学校之时，我们就开始迈出职业生涯发展的"紧要一步"，走向新的人生旅程！在这一旅程中，正确的就业观如同一盏明灯，指引着职业生涯发展的方向。树立正确的就业观，有助于我们理性地规划自身未来的发展，并努力在学习过程中自觉地提高从业能力和职业生涯管理能力。

一、我国的就业形势和政策

（一）我国当前就业形势

1. **就业形势较严峻**　我国面临着劳动者充分就业的需求与劳动力总量过大的矛

盾。近三十年，我国经济快速发展，在工业化、城镇化、市场化、全球化的进程中，为劳动者提供了一定的就业机会，然而就业岗位的增加速度，远赶不上经济本身的增长速度。我国持续增加的应届毕业生、城镇新增加劳动力、农村富余劳动力等就业人口使劳动力整体供大于求。

2. **劳动者素质与实际需求不相适应**　目前，我国正处于经济转型、产业升级的发展阶段，对高技能人才的需求越来越大，市场对社会经验要求的提高，使"有相应的工作经验""综合能力"成为用人单位选择人才的标准。然而，专业培养与市场需求不能完全吻合、教育重心偏高等因素，使毕业生实际就业选择与现实社会需求有所偏差，加之一些用人单位不愿从零培养人才，使就业难度加大。

3. **非理性择业观加剧就业困难**　由于受到我国的传统观念、社会舆论等多种因素的影响，部分毕业生在择业中依然存在着过于追求自我价值的实现而淡化了社会责任，追求经济利益而忽视了社会的需求的现象，择业中对职业、社会现实、自己缺乏正确的认识和评价，出现期望值过高、好高骛远的倾向。这种不理性的择业观也是就业困难的主要因素之一。

（二）我国的就业政策

根据新时期的特点，现阶段我国确定的就业工作的基本方针是：以充分开发劳动力资源、统筹安排城镇劳动力为出发点，依靠社会各方面的力量，拓宽就业门路，促进实行劳动者自主择业、市场调节就业、政府促进就业，保持就业局势的稳定。

1. **劳动者自主择业**　是指劳动者进入劳动力市场，通过各种渠道自谋职业。因此，解决我国的就业问题，一个重要途径是鼓励劳动者"自主择业"。劳动者转变传统就业观念，树立自主择业的新观念，自己主动寻找职业，这样，不仅有利于社会经济的发展，减轻政府解决就业的压力，而且还能充分发挥劳动者的主观能动性。

2. **市场调节就业**　是以市场机制作为调节劳动力资源的基础性手段，实现用人单位和劳动力市场的双向选择。市场调节的目标主要是劳动者自主就业，企业自主用人，二者相互选择，使劳动力合理流动。市场调节就业有利于提高劳动者自身素质，有利于劳动资源从总体上得到充分利用和开发。

3. **政府促进就业**　是指政府制定积极的就业政策，通过发展经济，增加就业岗位，采取必要的措施，帮助失业人员、下岗人员和其他就业困难群体实现就业。在市场经济条件下，政府通过调整宏观经济政策、就业政策，促进企业合理用人，促进劳动者尽快就业。

二、中职医学生就业现状及成因

据统计，近几年我国大学毕业生的一次性就业率始终在75%左右徘徊，而中等职业学校（含职高、中专、技校）毕业生的一次性就业率已突破95%。目前，中职医学生就业现状是相对较好，但就业质量不容乐观。

1. 中职医学生对就业形势认识不够　近几年，在就业形势日益严峻的情况下，社会上流传着这样一句话：本科生就业不如高职生，高职生就业不如中职生。宏观就业形势，让部分中职毕业生盲目乐观，择业、就业以自己的个人喜好为准，就业期望值居高不下。在选择就业时很多人选择经济发达地区、大城市的大医院、公立医院，收入期望值较高。这些学生的就业期望值脱离了社会的需要和现实的可能性。

2. 中职医学生就业对口率不高　由于受卫生行业产业升级、用人单位学历需求高移影响，市级以上三甲医院不愿招收中职学历生。出现了一方面一线护士岗位频现"用人不足"、三甲医院"床护比"常年未达标，而另一方面数量可观的中职卫校毕业生对口就业率低的现象。大量卫校毕业生涌向药店、美容机构。中职医学毕业生对口就业难度逐年加大。

3. 中职医学生就业稳定率不高　虽然中职生在激烈的市场竞争中具有独特的优势，但在发展潜质上有一定的差距。现在的中职生，大多数是独生子女，刚从学校里出来，自我意识较强，自控能力不够，吃苦耐劳品质有待于加强，所以在就业中出现了很多问题，如工作环境、工作待遇、人际关系等。缺失耐受力，一言不合就离职，另寻他就。

> **知识链接**
>
> **21世纪就业者的基本要求**
>
> 五大能力：资源统筹能力、善于处理人际关系的能力、获取并利用信息的能力、认识复杂交错的相互关系进行系统运作的能力和利用多种科技知识手段进行工作的能力。
>
> 三大基础：能力基础、思维基础和素质基础。

三、中职医学生就业对策

（一）正确的就业观奠定职业生涯成功基础

所谓就业观，是指人们对就业目的、意义和价值的根本观点、态度与看法。在职业生涯发展的过程中，树立正确的就业观，是实现成功就业的基本前提。那么，当代中职生应当树立什么样的就业观呢？

1. 树立先就业、后择业、再立业的观念　市场经济不仅商品、资金要流动，人力资源也同样要流动。社会不再有从一而终的职业，因此，"要打破一步到位、从一而终"的旧的就业观。我们不必急于在短时间内找一个固定的工作，要学会在流动中求生存、求发展。应该要考虑是否对自己有帮助,是否有利于未来职业目标的达成,要放眼未来,从长计议。先就业,融入社会,脚踏实地地锻炼自己。工作一段时间后,如果单位不适合自己,可以重新选择,有了工作经历,各方面的工作经验和能力肯定会有所提高,等时机和条件成熟时,就可以大显身手。

2. 树立不怕挫折、敢于竞争的观念 市场经济最显著的特点之一是竞争。竞争是现代人必备的素质之一。当前,人才竞争更加激烈。对此,我们要知道"上岗凭本事,提拔靠贡献"的道理。中职生要树立强烈的竞争意识,培养雄厚的竞争实力,坚持正确的竞争原则,保持良好的竞争心态才能在竞争中取胜。有竞争必然会遭遇失败。对此应保持积极、健康、平和的心态,加强心理素质培养,正确面对各种竞争,提高挫折承受能力,学会调节心理压力,以健康的心态去迎接各种考验。

3. 树立自主就业、主动适应社会的观念 在就业过程中发挥自己的创造性,就业时,我们不能只依赖学校"分配工作"和家长"有路子找工作",而应自己到就业市场去观察、去体验、去实践。我们还应具有自主创业的精神,在有了一定的条件、经验、人脉等资源的积累后,开创自己的事业,寻求职业生涯的大发展。

4. 树立从大处立志、从小事做起的观念 在进入社会之时,降低门槛、灵活就业,要有从基层岗位做起的准备。在工作岗位上,虚心向前辈、有经验者学习请教,在不断积累经验的过程中,一步步去实现自己的职业理想。

知识链接

福特捡纸的故事

美国福特汽车公司的创始人亨利·福特大学毕业后到一家汽车公司应聘。同时竞聘的几个人都比他学历高,他感到没有希望了。当他敲门走进董事长办公室时,发现门口地上有一张废纸,便弯腰拾起把它扔进了废纸篓里。然后走到董事长的办公桌前说:"我是来应聘的福特。"董事长说:"很好,很好!福特先生,你已被我们录用了。"福特惊讶地说:"您怎么还没有面试就把我录用了?"董事长回答道:"福特先生,外面三位的确学历比你高,且仪表堂堂,但是他们眼里只能看见大事,而看不见小事。你的眼睛能看见小事,我认为能看见小事的人,将来自然能看到大事。一个只能看见大事的人,他会忽略很多小事,是不会成功的。所以,我要录用你。"

中职生是有自身的就业优势的,但需要自己在实践中不断提高才能保持这种优势。中职生应该珍惜来之不易的就业机会,有意识地在从业实践中积累职业经验,提高职业能力,保持或扩大自己的这种优势,提升职业发展的潜力。

(二)自主创业是实现职业理想的重要途径

自主创业是一个有效解决就业压力的方法。虽然中职生在学历、知识上比不过高职生、本科生，但在就业方面个性独立，接受力强、思想活跃、能求新追异，在当今就业压力巨大，正规就业岗位不足的情况下，正好顺应灵活就业和自主创业的要求。

1．创业的含义　所谓创业，简言之，就是创办自己的企业，它是一个发现并捕捉机会并由此创造出新颖产品或服务从而实现其自身潜能价值的过程。

中职毕业生通过科技创新、社会服务或发挥在某一方面的特长，利用所学的知识，自己或与他人合伙创办公司，不仅可以解决自身的就业问题，还能提高自己的能力、增长经验及学以致用，而且也可以为他人创造就业机会。许多中职生通过创业可以实现自己的理想，证明自己的价值。如中医保健专业的学生开办按摩保健中心、护理专业的学生开设老年公寓等都有不少成功的案例。

2．树立正确创业意识，提升创业成功概率

（1）医学生要更新就业观念，自觉培养创业意识和创业能力：就业观念决定就业取向，如果就业观念不符合实际，就业取向必然脱离现实。中职医学生在校就应该认清当前的就业形式，调整就业观念，跳出医疗事业单位与专业对口这个圈子，在专业知识学习中培养自己的创业意识；在社会活动中培养自己的创业能力。专业知识学习是掌握创业的一个重要手段，医学生的创业应该是从专业出发，根据自身的专业特色选择进行创业，如果你对营养、美容、保健按摩、育婴等感兴趣，可以先考个营养师、美容师、保健按摩师、育婴师资格证书等，提供提供一种有效的服务，创业成功率会更高。

（2）医学生要寻求创业的理论支持与技术指导：除了从常规的专业知识学习中培养创业意识之外，相关的理论支持与技术指导也是必不可少的。医学专业与其他专业相比，既有相似性又有其独特，所以长期以来，医学院校的就业指导侧重于对学生进行就业技术的指导。例如：如何成功面试，如何获取更多的就业信息，如何应对职场的挑战等。

（3）寻求社会与家庭的支持与鼓励：医学生创业是一项开拓性的事业，需要来自各方面的支持。毕业学生创业意向与家庭背景以及社会关注有着密切的关系，因此家庭、社会要给予毕业学生创业多方面的帮助，而家庭则要在创业者遇到暂时的困难和挫折时，要以宽容的心态对待他们，不能以一时的成败论英雄。

在不同的就业形势下，应当树立不同的择业观。随着毕业生就业机制改革的逐步深入，自主择业已经成为一种社会现实。我们中职生应该在认清就业形势的基础上，从个人实际、社会需求和长远发展入手，树立正确的择业观，只有这样才能顺应经济社会的发展，实现自己的职业理想。医学生的就业去向是可以有多条途径的，医学生创业能力的培养，并不是否定医学生传统的就业选择，而是将创业作为另一种就业渠道，创业既可以为自己寻找出路，也可以为社会减轻就业压力。当今社会，创业起步是艰辛的，创业之路是曲折的，创业的成功是甜美的。创业的过程是实现人生价值、奉献社会的过程。

第2节　做好就业准备

完成学业步入社会，由学生角色到职业角色的转换，是人生的一大转折。对即将走向职场的中职生来说，面对复杂多变的社会，走好人生关键的一步，一定要转变意识，以积极、乐观、正确的态度，认知新的角色，扮演新的角色，顺利完成角色的转换，为自己迈好职业生涯的第一步做好充足的准备。

> **案例 6-2**　小张和小唐是同班同学。毕业时两人通过学校获知了一家医院的招聘信息。小张对这家医院做了实地了解后投递了个人简历，小唐随大流也投递了个人简历。经过笔试，两人都得到了面试的通知。到了面试这一天，小张早早地来到医院面试地点等候，而小唐却因为找不到地方而匆匆来迟。两人在面试时被主考官问到了相同的问题："你为什么选择我们医院？"小张由于前期做过准备，对医院情况有所了解，所以侃侃而谈，轻松应对。而小唐却语无伦次，泛泛而谈，十分狼狈。最后，小张应聘成功。
>
> 问题：1. 小张为什么应聘成功？
> 　　　2. 你应该向谁学习？

一、转化角色适应职业

（一）认识"职业人"

简单来说，职业人就是指有职业的人或是从事职业活动的人，也可以说是职业活动领域中的人。职业人是作为职业活动的主体，处于职场中，与职业岗位相联系，通过自己具备的职业知识和职业技能，完成相应的工作职责，并获得一定的经济报酬。此外，职业人还应具备职业精神。行有行规，职业人从事哪一种职业，就应该遵守哪一种职业的基本准则和约定俗成的规则。

从职业人的含义中，我们可以看到学生角色和职业人角色之间存在着很大差异。中职生步入工作领域，需要及时从学生角色转换成职业人角色，只有角色转换成功，才能适应社会、融入社会，否则必然在社会中碰壁，甚至影响职业生涯的顺利发展。

（二）从学生角色向职业角色的转换

1. 学习角色向行为角色转变　在学校，中职生的学习活动以思维为主，重在开发智力、训练思维。在校学习知识和技能，强调的是掌握理论知识的系统性，而"职业人"的职业活动是以行动为主，是运用知识和技能的过程，强调的是能"学以致用"，而且行为基本上不允许出错。因此，中职生要在平时学习理论知识和进行实训时严格要求自己，养成一丝不苟、精益求精的作风。

2．个性角色向团队角色转变　中职生在学校虽然是集体生活，但是学生之间的人际关系相对简单，以完成学习任务为主，学习活动主要是由个人完成，学校也通过多种形式鼓励学生个性发展。而职场上人际关系相对复杂，以完成职业任务为主，在社会分工越来越细的条件下，任何职业任务的完成，都离不开与他人的协作。团队精神是现代"职业人"必备的素质之一，只有融入团队，明确自己在团队中的位置，处理好与团队其他成员的关系，才能在职场中得到发展。因此，在学校期间，要积极主动参加各项活动，在实践中提高自己的团队意识，培养团队精神。

3．成长角色向职业角色转变　学生在学校是一个接受教育、储备知识、培养能力的成长过程，主要多凭兴趣完成。而"职业人"承担并履行职业责任，如果不能按职业要求履行责任，造成的后果和影响不仅关乎个人自身，还会给单位甚至社会造成损失或危害。为了顺利完成这一转换，我们应把在校期间的每一项实验、实训当作真正的职业活动来完成，严格按照操作程序进行，有意识地培养自己的责任感。

（三）塑造"职业人"的角色

我们接受职业教育，是为了毕业时能够成为具有良好素质的职业后备军。职业学校的教育，为我们提供了丰富多彩的职业课程，老师们对我们的循循善诱，已毕业的师兄师姐的成功事例，都有助于我们更全面、深入地理解职业人的工作与生活，更好地把自己塑造成职业人。

二、做好就业心理准备

随着国家经济的发展和劳动就业制度的改革，加之大多数中职学生的年龄普遍偏小，导致对社会工作缺乏必要的认识，对于求职就业往往缺乏必要的心理准备，往往或多或少产生一些心理困扰，以致影响正常的就业。如何正确把握自己，走出心理误区是中职毕业生就业迈向成功的第一步。

（一）中职生就业中常见的不良心理表现

1．自卑心理　自卑是个人对自己不恰当的认识，是一种自己瞧不起自己的消极心理。有些中职生面对中考的失败、学习成绩不理想、人际关系的不良等因素时，不能正确地认识自己，在潜意识中存在自卑和压抑心理。

2．盲目心理　盲从是没有自信、没有主见的表现。有的中职毕业生在就业时，"人云亦云""随大流"，他们认为大多数人钟情的工作一定是好工作，大多数人选择的一定没错，遇事没有主见，既不能客观的分析就业情况，又缺乏对自己的正确认识。

3. 矛盾心理　有的中职毕业生在就业时，面对工作单位、发展前景、地理位置、经济收入、福利条件等选择时会左右为难，内心充满纠结，最终错失了太多的时间与机遇。

4. 攀高心理　期望值过高是不切合实际的表现。有的中职生与家长没有充分了解社会对中职学生的市场定位，对人才市场对人才的需求形势缺乏正确的认识，在就业时眼高手低，不愿到基层工作，有的中职毕业生一味追求工作轻松、待遇好、离家近等外在因素，一旦这些条件达不到，挫折感就会倍增。

5. 依赖心理　形成就业依赖心理现象主要是由于个人独立决策能力不强，缺乏进取精神而造成的。有的中职毕业生的因年龄相对较小，生理和心理方面都尚未成熟，依赖心理非常强烈。他们认为像找工作、就业等诸如此类的事情应该由学校或父母操心，与自己关系不大。

（二）中职生克服就业心理困扰的对策

1. 培养自信心，告别自卑　自信心是中职生就业过程中不可缺少的重要心理品质。有自信的学生，才能充分发挥内在潜能，敢于面对职场挑战，给自己创造更多的就业机会。在就业过程中，有时难免会遇到挫折、失败，如果缺乏自信，毕业生就有可能自卑保守，甚至自暴自弃、失去面对社会的勇气。因此，中职生在就业之前就需要着重培养自身的自信心。

2. 培养抗挫折能力，积极迎接挑战　在挫折和困难面前，抗挫折能力强的人不易被强烈的情绪所困扰，能够保持正常的行为。而抗挫折能力低的人就容易惊慌失措，陷于不良情绪的困扰中，甚至出现行为异常。在就业时和就业后都会遇到各种挫折，只有采取积极的态度，学会客观的看待事物，及时调整目标，学会自我调节，增强自身的抗挫折能力，才能渡过难关，走向胜利。

3. 树立正确的就业观，把握就业机遇　在目前就业形势严峻，供需矛盾突出的情况下，中职生应该从职业需要的角度去分析自我，明确自己适合干什么，能干什么。选择用人单位时要量力而行，切忌好高骛远。树立先就业，后择业的观念，才能使自己理性地面对复杂的就业市场，正确把握就业机会。

三、做好就业能力储备

（一）提高专业素质，强化技能训练，做好知识、技能储备

任何职业活动都需要与之相关的知识和技能，这是一个人是否具备某种专业能力的具体体现。这就需要中职生在就业前就注重专业素质和专业技能的训练，做好知识、

技能储备。

1. 专业能力　专业能力是指具备从事职业活动所需要的技能与其相应的知识，包括单项的技能与知识，综合的技能与知识。

作为卫生职业学校的中职生，毕业后将会是在基层医院、诊所、康复中心等医疗机构第一线从事医疗服务的中等医护技术人才。而中职生在学校期间学习的文化知识、专业基础知识，特别是专业技能，是从事医护职业的根本。实践证明，丰富的文化底蕴、广泛的专业知识、过硬的专业技能是求职就业的重要资本，是职业生涯成功的基础。

2. 专业能力的培养　中职生专业能力的培养要建立在在校学习理论和见习、实习、实训基础上，努力学习知识，充实自己，用技能武装自己。

首先，要有明确的学习目的，端正的学习态度。问问自己为什么要学习？有了积极的学习态度，有了明确的学习目的，就会有战胜困难的勇气和决心，就会管理好自己的学习。

其次，要深入了解本专业应知知识、应会技能。在专业基础上了解行业岗位标准，通过努力缩短自己与行业岗位标准的距离，为考取相应的职业资格证书做充分准备，为能成为职业人、技术人做准备。

再次，制定个人学习短期、长期目标，有计划、分步骤的实现学习目标。

(二) 提高社会能力，做好适应社会、融入社会的准备

适应社会、融入社会的能力是我们在社会生存中所必须具备的基本能力，是我们职业生涯顺利发展的前提。如果缺乏这种能力，即使在其他方面拥有优秀的技能，也会遭到社会和职场的排斥，从而无法实现个人理想。适应社会、融入社会的能力可以从下述方面来培养。

1. 正确认识自己，克服不良心理　对于中职生来说，刚刚走向社会能很清楚、准确地认识和实现角色的转换是有一定难度的，会产生对学生角色的依赖心理、眼高手低的自傲心理、见异思迁的浮躁心理、缺乏自信的畏缩心理、压力过大的焦虑心理等。这些不良的心理倾向是很正常的，只要能正确对待，及时进行有效的调节和引导，就一定能够克服。

2. 强化训练，提升综合素质　当今社会需要高素质综合能力强的人。我们要在人才市场上不断增值，在激烈的职业岗位竞争中站稳脚跟，不仅要努力学习好专业知识和专业技能，还要加强自己的品行和性格的培养，并利用各种机会走出课堂、走出校门，走进社会去增强沟通能力、合作能力、创新能力、解决问题能力等与岗位相关的能力。

四、做好就业信息收集

案例 6-3 小露是某职业学校护理专业的学生,平时的学习成绩处于中等水平,这使得她常常为自己的前途感到担忧。为了使自己能顺利就业,小露在医院实习时,收集了大量护理行业的招聘信息,并主动与各单位用人部门的负责人接触,从中了解了用人部门的用人需求。最后,小露选择了一家比较适合自己的医院去面试。由于小露对这家医院的用人要求比较了解,因此在面试时从众多的竞争者中脱颖而出,应聘成功。

问题:1. 小露获得此岗位的诀窍在哪里?
2. 对你有哪些启发?

做事要讲究方法,掌握了行之有效的方法,就可以收到事半功倍的效果。求职也不例外,从求职开始到成功,每一步都有方法可循。

信息是我们决策的重要依据。能够收集和整理全面、准确的职业信息,能确保我们做出正确的职业决策。如果求职者信息不灵,耳目闭塞,择业就如同盲人骑瞎马,很难找到理想的工作。因此,我们要重视信息的收集和整理。

(一)就业信息的采集

就业信息是指与就业有关的消息和情况。随着我国就业市场的不断繁荣,就业信息的传播也更加广泛,并呈现出全方位、立体化的趋势,为广大的毕业生就业提供了方便。

1. 本校就业指导中心 各学校的就业指导中心是毕业生就业指导工作的职能部门,具有指导和服务的功能。因此,要主动、及时地到指导中心查询有关信息,这是获取就业信息最方便,且直接、最可信的渠道。

2. 各级政府就业服务机构。

3. 各级人才市场 人才交流市场特别是政府和学校举办的人才"双选"会,是直接获取就业信息的有效途径,要尽可能的参加。

4. 互联网 各大正规网站特别是求职、招聘的专业网站,不仅信息量大,而且具有及时、方便等优点。但网络求职有局限性和陷阱,毕业生涉世不深、急于求职,容易上当受骗(如虚假信息、信息被骗子牟利、骗取报名费、骗人做传销),因此,要提高警惕,增强自我保护意识,避免损失。

5. 新闻媒体 如电视、广播和正规的报纸、杂志等,也有大量的求职信息,要留意视听、收集。

> **知识链接**
>
> 网络求职的常用网站：
> 中国就业网　http://www.chinajob.gov.cn
> 应届生求职网　http://www.yingjiesheng.com

6. 社会人脉　充分利用亲朋好友、老师、同学等社会关系，也可以获得一些好的求职信息。

（二）就业信息的内容

1. 招聘单位的基本情况　包括招聘单位所属的行业、管理系统、业务范围和内容、所在地区、产权性质等。

2. 需求岗位的工作内容　包括上下级关系、工作职责、工作权限、考核方式、工作时间、工作场所、工作环境等。

3. 招聘单位的薪酬待遇　包括工资、奖金、津贴、福利及医疗、养老保险等。

4. 招聘条件　招聘单位对求职者的具体要求，包括学历、专业、职业资格、能力以及心理素质、身体素质要求等。

5. 招聘数量与报名办法　包括用人单位有哪些岗位要招人，每种岗位招聘人员的数量，报名的时间、地点、方式，应准备哪些证件和材料等。

（三）就业信息使用中的注意事项

1. 归纳整理，分析筛选　我们搜集获取到的就业信息，经过分类整理后，还需要进行分析筛选。在筛选就业信息时应把握的原则是，了解透彻，善于对比，掌握重点，适合自我，有利发展。通过分析收集到的就业信息，了解用人单位的具体要求，结合自己的实际情况，从中筛选出适合的单位，以便有针对性地参与竞聘。

2. 去粗取精，去伪存真　我们在搜集、获取就业信息时要核实信息以保证就业信息的真实性。误信虚假信息，不仅会影响自己的就业时间，还会对即将踏入社会的中职生带来身心伤害。

3. 了解市场，认识自我　一般来说，我们通过各种途径、方式获取了与自己专业相关的就业信息后，需要依据自己的性格、气质、能力、兴趣爱好、专业特长，进行系统分析、归纳整理，形成一个全面反映某一职业的信息库。这样不仅可以了解该职业的市场供需形势、发展趋势、工资待遇等，还可以为中职生的择业决策提供有力可靠的信息依据。

第3节 做好求职准备

案例 6-4 有一位应试者,他应试顺序排在第20位,怎样才能充分地表现自己,引起主考官的注意呢?他很快拿出了一张纸,在上面迅速写了一些东西,然后折得整整齐齐,交给助理小姐,并恭敬地说:"女士,这非常重要,请代劳。"主考官看了露出了微笑。因为纸条上写着:"先生,我排在第20位,在你看到我之前,请不要做决定。"最终这位应试者成功了。

问题: 1. 他为什么能成功?
2. 在求职时,我们要做好哪些准备?

一、求职信的撰写与包装

（一）求职前的准备

1. 搜集就业信息　就业信息主要用于择业决策和求职两个阶段。搜集就业信息,一方面作为制定求职方案依据,一方面在面试时,有利于和招聘者沟通。低年级时,应注重搜集所学专业对应行业的相关信息,将其作为确定求职大方向的依据,也可将其作为按职业要求调整自我、提升素质、适应职业的标准。高年级时,应注重搜集具体用人单位信息。用人单位信息包括这些单位的业务性质、经营业绩、发展方向、企业文化、对聘用人员知识能力的要求、工资待遇、晋升机会等（表6-1）。

表6-1　求职市场分类

求职的有形市场	求职的无形市场
学校组织的招聘会	网络市场
分门类、行业性就业市场	电话求职
区域性就业市场	应职广告

2. 求职材料的准备　中职卫生学校毕业生求职需要一个介绍自己的书面材料,毕业生的书面求职材料所提供的信息是用人单位安排面试的主要依据,是求职的"敲门砖"。因此,撰写有说服力并能吸引读者注意力的书面材料是迈进职场,赢得竞争的第一步。除此以外,对材料进行一定的设计包装,使之规范美观,对在第一时间抓住用人单位的注意力,拉近与用人单位之间的距离也很重要。

3. 求职材料的内容　中职生毕业时的书面求职材料一般包括毕业生就业推荐表、求职信、简历、成绩单及各种证书复印件、已发表的文章及取得荣誉的有关证明复印件等。

(二) 求职信的撰写

在选择职业时，递交一份求职信是必不可少的。它是向用人单位推荐自己并表达求职愿望与要求的重要材料。求职信的内容如下。

1. 格式 说明自己是慕名而来的，表明自己希望从事何种工作，以及所抱有的信心和态度。写出自身符合招聘单位要求的条件，如有关的知识、技能和特长，接受过的训练及实践等。

2. 内容 附件的内容大体包括：毕业证和专业技能考核证书的复印件；各种竞赛获奖证书的复印件；学校及有关人士的推荐信等。

> **知识链接**
>
> **求职信范例**
>
> 尊敬的领导：
>
> 　　您好！非常感谢您能在百忙之中惠览此信，谢谢您给予一名积极进取的年轻人一个展示自己的机会！
>
> 　　我叫×××，毕业×××学校护理专业，我的知识来自三个地方，校园、医院、社会。在学校的三年期间，我从各个方面严格要求自己。我没有只满足于校内理论的学习，经常走向社会理论联系实际，从亲身实践中提高自己的综合能力。尤其是实习，让我的知识和操作运用到了临床中，对各种病种的了解和护理有了较深刻的认识，对专业的知识和专业技术操作则更为熟练、灵活。通过实习，我收获颇多，让我从生命里爱上"白衣天使"这一神圣的使命。这三年的学习和锻炼，我不但学到了专业知识，提高了综合素质，更重要的是学会了怎么做人，培养了严谨务实、求索创新的个人素养，在努力学习本专业知识的同时，我不断充实自己，使自己努力成为当今社会所需的复合型人才。现在，万事俱备，只欠东风，就像扬帆远航的船，要借您的东风。我热爱"白衣天使"这一神圣的事业，看到病人在我们的悉心照顾下减轻痛苦，快乐康复，非常欣慰。他们充满欣慰而温暖的笑容是我最大的幸福。我殷切地期望在您的领导下，为这一光荣的事业奉献我的一份真情，并在实践中不断学习进步。
>
> 　　古有毛遂自荐，今有伯乐点将，愿借您的伯乐慧眼，开始我的千里之行。尽管在众多应聘者中，我不一定是最优秀的，但我会很努力、很勤奋。我将以实力说话，为贵单位、为病人鞠躬尽瘁！
>
> 　　再次感谢您的阅读，期待您的佳音！
>
> 　　此致
>
> 敬礼！
>
> 　　　　　　　　　　　　　　　　　　　　　　　　　求职人：×××
>
> 　　　　　　　　　　　　　　　　　　　　　　　　　××年××月××日

3. 注意事项　要特别注意：正文中"胜任工作"这一内容的重要性。重点说明自己与岗位工作要求相符的知识、经验、专业技能、特长、能力等，以增强自己的竞争力，同时由于求职信的篇幅有限，不可能把所有材料都写进去，需另外准备一些材料，作为附件随求职信一起交给招聘方。

（三）求职材料的包装

1. 封皮的设计　花心思但不花哨。整个书面材料的包装要精心设计，不落俗套，但不能过分抢眼、复杂（图6-1）。

图6-1　求职简历封面

2. 材料排列顺序　书面材料一般是按照封面、求职信、简历、就业推荐表复印件、成绩单复印件、各种证书复印件等的顺序排列。封面上要有个人姓名、毕业学校、专业、联系方式等基本信息。

3. 打印、出稿　一般使用透明文件夹装订求职材料，在装订时使用的纸张要大小一致，材料字体、行间距、字间距要一致，纸张应该干净整洁。

二、个人简历的制作

履历表，也称个人简历。就是对你的成长背景、优点、成就和有关个人材料进行的简要概述。一份简历，犹如好产品的广告，是求职者推销自己的重要材料。

（一）基本内容

1. 基本情况　包括姓名、性别、出生日期、籍贯、民族、政治面貌、毕业学校、学历、专业、健康状况、家庭地址、联系方式等。

2. 联系方式　包括电话、手机号码，邮箱、邮政编码及通信地址。

3. 学习经历　一般从初中开始填写，格式为学习时间、学校、专业、主要课程。

4. 社会实践经历　包括实习经历和参加社会工作的经历。包括具体的时间、所在单位以及职务和工作描述，工作描述应对工作内容进行详细切有重点的描述，要突出自身的工作成绩和经验，要让用人单位从中判断出你的实际工作能力、社会阅历等。

5. 专业特长及获奖情况　包括已经掌握的专业知识与技能、获得的职业资格证书、技能等级证书等。可将获得奖学金、参加职业技能比赛、三好学生、优秀学生干部、参加社团活动获奖情况等列入，展示实力。

6. 求职意向　根据自身的条件，写明希望获得的工种或岗位，此外还可以写明自己的发展方向等。

7. 自我评价　尽可能展示你的品德、修养、人格、合作能力等，但要恰如其分，不要言过其实。

中职毕业生简历的格式，见表6-2。

表6-2　×××简历

姓名		性别		出生年月		近期照片
民族		政治面貌		学历		
籍贯		健康状况		婚姻状况		
毕业院校		专业				
家庭住址			身份证号码			
教育背景	起止时间	毕业院校		专业	主修课程	
实践经历	起止时间	单位		岗位		
所获证书						
奖惩情况						
个人特长						
职业意向						
自我评价						
联系方式						

（二）注意事项

1. 实事求是、真实可信　简历的内容一定要真实可信，不要虚夸，更不要造假；自我评价要客观，不可过分拔高自己，不然会弄巧成拙。

2. 重点突出、言之有物　尽可能了解用人单位的岗位设置和用人要求，突出专业实习表现及成绩、突出社会实践活动能力；展示个人的专业能力、社会能力及岗位优势。忌长篇大论和流水账，要有分量、有代表性。

3．格式规范、话语得体　内容要全面，不能落项；书写格式要规范，象空格、分段、换行等格式都要做到规范统一；语言要简洁，语气要得体。

三、应对面试的准备

面试是用人单位当面观察求职者，考察其知识面、个人修养、职业能力、言谈举止的重要方式，是做出是否录用人员的关键。对求职者来说，面试也是一个充分展示自己的知识、能力、性格、特点的机会。面试是供求双方相互了解的过程，但在很大程度上是求职者接受用人单位的考核。因此，为了获得所求的工作，求职者应该充分做好面试的准备，在面试中适度地表现自己，给招聘者留下满意的印象，从而获得求职的成功（图6-2）。

图6-2　面试

（一）思想准备

面试时，主持人会向求职者提出一些问题。求职者面试前要对用人单位的历史、现状、规模、业务、服务、特色等有所了解，掌握用人单位对人才的需求与使用情况；要对照自己的实际情况，分析哪些是自己的特长，哪些是自己的不足。应对面试可能提出的问题事先有所准备，以便到时胸有成竹，对答如流。通常面试时可能会涉及以下几方面的问题。例如：你为什么希望到我们单位来？你在学校学习了哪些课程，哪些科目是和你所申请的工作有关的？你在哪些方面有特长，有什么兴趣、爱好？请你介绍你的优点和不足，以及对本公司或本行业的了解程度等。

（二）形象设计

求职者的形象给面试主考官印象的好坏，常常关系到求职的成败与否，因此求职者在面试前应进行自我形象设计，以便在面试时更好地展示自己的风度和神采。研究显示，面试的最初几分钟是最重要的，因为在这段时间里，形成了主考官对面试者的印象或是偏见，并做出可能的决定。因此，做好形象设计是树立自己良好形象的前提。

1. 衣着　面试者服装要合体，讲究搭配，展现出正统而不呆板、活泼而不轻浮的气质。无论应聘何种职业，面试着装均要遵循"朴素典雅"的原则。男性以穿着深色或色调反差较小、款式稳健的套装西服为宜，配以整洁的衬衫和对比不强烈的同一色系领带。较好的面试着装是深蓝西装、白衬衫、深色裤子、黑色皮鞋，领带的图案和色泽不可太过于招摇，以纯色、条纹、圆点等图案为最佳。女士以穿着朴素、得体的裙装或套装为宜。天气冷时，西装或短外套比较合适，着裙装时应配以肤色相近的连裤丝袜。护士生在面试时有时会被要求着护士服，因此在穿着时一定要严格遵循护士服的着装要求（图6-3）。

2. 仪容　面试时，男式应保持头发干净、清爽、卫生、整齐。发型易简单、朴素，鬓角要短。一般以庄重、大方的短发为主导风格，要求前不盖额、侧不遮耳、后不及领；还要注意胡须刮净。女士要保持端庄、干净的形象，发型以端庄、简约、典雅为宗旨，避免滥用饰物。女士的颜面修饰，应以表现年轻女性的特质为佳，颜面部的修饰要清新、素雅，色彩和线条的运用都要"宁淡勿浓"，恰到好处。面试者还要注意口腔卫生，面试前不要食用大蒜、韭菜等带有强烈异味的食物，以免异味引起面试者的反感。与人交谈时要避免咀嚼口香糖。在面试时，因握手、呈递个人资料等均要使用双手，所以，要注意双手的清洁，指甲要修剪合适，无污垢（图6-3）。

图6-3　面试时的衣着仪容

案例 6-5　中职护理专业毕业的小徐在办公桌前坐下，面试官递给她一张表格填写，由于紧张，填写时出现了错误，填好后开始交谈，小徐回答问题时下意识地转动手中的笔，眼神也飘忽不定……

问题：1. 小徐面试时，有哪些不妥？
　　　2. 如果是你，如何在面试时脱颖而出？

（三）面试要求

通过面试时的交谈，可以使面试者感受到求职者的基本素质和业务水平，并由此决定是否录用，因此，遵循面试中的礼仪是非常重要的。

1．自谦有礼　谈话过程中要注意语气平和，语调要适中，语言要文明，必要时可以适当使用专业术语，让对方感觉到求职者具有良好的专业素质和个人修养。避免过于谦虚或夸夸其谈。对于不懂或不清楚的问题，不要不懂装懂，如果此时诚恳而又坦率地承认自己的不足，反而会给面试者留下诚实可靠的感觉。

2．文雅大方　回答面试者的问题时，要表现出从容镇定，温文尔雅，有问必答，谦虚诚恳。对于在应答时一时答不出的问题，不要一言不发，可以从话外题缓冲一下，同时迅速搜集答案。如果确实找不到答案，先回答自己所了解的，然后坦率承认其中有些问题还没有思考答案。在这种时刻，面试者可能关注的并不是问题本身的答案，而是面试者解决问题的能力。

3．遵守时间　准时正点是最基本的礼节。求职者参加面试时应尽量提前到达面试现场，一般提前 15 分钟为宜。在约定的时间以前到达面试地点，一方面可以给自己留下一点时间，整理自己的仪容仪表，整理一下谈话的思路；另一方面，提前赶到也表明自己对面试的重视，对对方的尊重。

4．仔细倾听　注意倾听是语言沟通中的技巧之一。面试时，当面试者提问或介绍情况时求职者应抓住对方讲话的内容仔细聆听。求职者应用目光注视面试者，以示专注。还可以通过配合点头或者巧妙地插入简单的话语，赢得面试者的好感。如"是的""对""您说得对"等。这样可以提高对方的谈话兴趣，从而使自己获得更多的信息，以有助于面试在和谐、融洽的气氛中进行。注意不要在面试者发言时留然打断其说话失礼于人。

5．善于思考　在回答面试者所提出的问题之前，求职人员要在自己的脑海里将思绪梳理一下，对自己所说的话稍作思考后再给以回答。如果有些问题还没有想清楚，要认真思考，不要着急回答，切勿信口开河、夸夸其谈，尤其是当着面试者要求你就某个问题发表个人见解时，就更应慎重。

6．突出重点　回答面试者的问题时要突出重点，对于用人单位感兴趣的话题可以多讲，不感兴趣的地方少讲或不讲；简单的问题边问边答，复杂的问题边思考边回答，使面试者感觉到求职者既反应灵敏又很有思想。面试语言要有礼貌，见面称呼要恰当。要用敬语，如"您好""谢谢""请""对不起""再见"等。在交谈的过程中，语言要流畅、语速要适中，谈话间要稍有停顿，特别是在自我介绍时，措辞要诚恳，语气要得当，言语简练，表达清晰。切忌口若悬河、滔滔不绝。

四、识别求职陷阱

社会是一个大熔炉，形形色色，五花八门。作为即将或者刚刚走上社会的中职毕业生，在复杂多变的形势面前缺乏经验和应变能力，我们要防止社会上一些不法分子利用求职者急切的求职心态，进行求职诈骗。根据最新调查，有五成求职者在求职过程中遭遇过陷阱。招聘职位与实际职位不相符，收取各种名目的费用是求职陷阱中的惯用伎俩。比如风险押金、培训费、服装费、建档费等各种名目的费用，等等（图6-4）。因此，初涉职场，一定要小心求职陷阱。那毕业生该如何识别求职陷阱呢？

图 6-4 求职陷阱

案例 6-6 "试用期3个月，试用月薪800元，转正后月薪3000元，另加各类津贴。"这样的薪资待遇可以吸引不少迫切求职的人们。于是，好容易通过面试的应聘者们，勤勤恳恳地卖力工作，希望早点熬过3个月的试用期。结果往往是3个月一到，公司随便编个理由，就把他们打发回家了。其实，这些公司就是利用了试用期的用工成本低廉的优势，钻了试用期解除劳动关系容易的空子，把试用工当作短期工来处理，出最少的钱，用最好的人。

问题：1. 求职中有哪些求职陷阱？
　　　2. 如何避免求职陷阱？

（一）求职先缴费

这类骗局通常在招工广告上称有文秘、打印、公关等轻松、体面的工作，求职者只需交纳一定的保证金即可上班。求职者付钱以后，招聘单位要他们听候消息，接下来便石沉大海。有些公司会佯装正规，让毕业生通过层层筛选，最终获得面试机会，面试通过后，就要求先交服装费等费用，才能签合同、培训，再开始工作。交费后，公司会签署一系列协议等，将最终不退费的要求"转嫁"给求职者。

在求职这个阶段收取任何费用都属违法行为，毕业生求职过程中，遇到企业收费情况一定不能因求职心切而交费，因为这些80%都是骗子公司。

中华人民共和国劳动和社会保障部颁布的《劳动力市场管理规定》中明确规定：禁止用人单位向求职者收取招聘费用；向被录用人员收取保证金或抵押金；扣押被录用人员的身份证等证件；以招用人员为名牟取不正当利益或进行其他违法活动等行为。因此，用人单位要求就业者在签订合同的同时，缴纳抵押金、风险金等以防止就业者违约的做法是不合法的。

（二）企业骗取免费劳力

利用试用期来骗取劳动力是常见的职场骗局。这类骗局主要有两种形式，一种是以各种理由告诉求职者是不合格的，从而解雇。另外一种手段就是非法延长试用期，才半年合同，试用期却有3个月。无论是哪一种手段的骗局，都是为了骗取求职者的劳动力，降低企业运营成本。求职毕业生要熟悉劳动法，不要被企业的这些手段欺骗，保障自己的利益。

在试用期间，劳动者提高自身的保护意识是最为关键的，首先要了解与试用期有关的法律规定。我国劳动法的相关条款中明确规定，试用期应包括在劳动合同期限之内，最长不得超过6个月。员工在试用期内享有报酬权，公司有为员工缴纳四金的义务。如若劳动者在试用期间被证明不符合录用条件的，用人单位可以解除劳动合同，且应在试用期最后一天劳动者下班以前通知劳动者，过了这个时间，应认为劳动者已经试用合格，转为了正式员工。如果老板借试用之名不与求职者签订劳动合同，求职者可通过举报投诉来维权，而且事实劳动关系也同样受法律保护。劳动者在签订劳动合同时，一定要仔细阅读条款，明确试用期期限和在此期间的待遇，若有疑问，及时向法律部门咨询，使自身的权益得到最全面最大程度的保障。

（三）美化职位信息，实际职位与招聘信息不符

不少企业招聘信息中的运营总监、业务部经理职位等等都十分吸引人，同时任职要求相对较低。但事实上都是做一些较底层的工作。我们一定要了解清楚该岗位的工作职责是否与职位名称相符，不要被企业的这种手段所欺骗了。

移花接木的假招聘都有共同的特点。首先，由于实际情况和招聘张贴出的情况不相吻合，招聘信息一般都比较简单，涉及细节方面的东西都没有明确注明，比如没有岗位职责和应聘条件等；其次，面试过程极为草率，面试官似乎对你的专业、能力不感兴趣，刚面试完即被告知录用，但劳动合同却拖拉着迟迟不签，被录用的职位与原先应聘的职位不符对方还会提出种种不合理要求。双方口头、书面约定的合同中有明显的不公平条款。

第4节 个人求职简历实训

一、实训目标

让学生掌握求职信的撰写、个人求职简历的制作和封面的设计。使学生在此次活动中能够了解并进一步剖析自身的求职竞争力，促进其求职观念的转变引导其对求职

能力的培养。通过实训进一步提高求职简历的制作水平和质量，提高求职就业的能力和社会竞争力，帮助学生更好地适应社会，成功就业。

二、实训准备

1．用物准备　笔记本、笔，获取的各种证书、证件复印件等。
2．环境准备　将教室布置成应聘面试的考场
3．学生准备
（1）预习和阅读有关应聘案例。
（2）了解和掌握求职简历、应试应掌握的基本要求。
（3）根据自己的特长，写出应聘发言稿，并做到脱稿应聘。

三、实训要求

1．以学生本人为求职角色，学生材料准备要充分，材料要真实。
2．对个人特长和奖励描述要实事求是。
3．班级分为四个小组。
4．学生准备。

四、实训内容

1．撰写求职信。
2．制作个人求职简历。
3．设计制作个人求职简历封面。
4．模拟面试。

情景设计：某医院因业务的扩大，现急需招聘5名护士，要求五官端正，善于沟通，亲和力强，富于爱心，踏实敬业，有团队精神。

五、实训步骤

1．创意设计
（1）按照情景设计撰写求职信、制作个人求职简历、设计制作个人求职简历封面等要求进行复习，提出重点训练内容和注意事项。
（2）学生按照要先写求职信。
（3）根据个人情况制作不同模板，填写个人求职简历表。
（4）设计个人求职简历封面。
（5）每个小组根据小组同学撰写求职信、个人求职简历、设计个人求职简历封面各评选出一名同学，参加班级的评比。

（6）班级评选出一名求职信创意之星、个人简历创意之星、个人简历封面设计之星。

（7）教师对学生的求职信、个人求职简历、个人求职简历封面作品进行点评，在班级文化墙展示优秀作品。

2．模拟面试

（1）以小组为单位采用角色扮演法进行训练，教师指导。

（2）小组训练完毕后随机抽取小组展示，教师和学生对展示结果进行评价，提出不足和改进方法。每组评选出一名最佳面试之星。

（3）模拟面试

面试题一："护士职业具备的条件""你对护士工作有哪些认识"？

参考答案：从事护理工作，每天会面对不同的病人和棘手的病情，因此要有较强的亲和力，细致认真地对待工作中的每一个问题。除了专业的能力外，还需要有团队精神，能很好地配合医生和同事的工作，勇于牺牲自己，乐于承担自己的责任。要及时的与病人沟通，在了解他们需求的基础上结合工作技能进行相应的护理。

面试题二："怎样与病人建立良好的护患关系？""如果有病人刁难你你该怎么做？"

参考答案：我觉得作为医疗工作者要有相互理解和信任。对待病人要体贴，多沟通。并且积极的处理问题。我们也要以一种和善、耐心的态度对待焦急的病人及其家属，记过详细的调查后，及时的与病人及家属询问相关意见。这样才能从主观上防止纠纷的发生，才能从根本上保证医疗工作的有序的进行，让病人得到及时治疗，尽快康复。

面试题三："你在值夜班的时候，在你面前一个急症病号突然晕倒，你如何处理？"

参考答案：一是在工作中遇到这样的事情是正常的，我应该冷静，迅速，妥善地处理这件事，不应该有所慌张。二是立刻检查这位病人的生命体征，看是否稳定，并且同时将这一情况汇报医院总值班医生。三是若病人病情稳定，那么我将和值班护士一起对这位病人的情况做出相应的对症处理。四是若病人情况危机，比较严重，我应该立刻联系其他科室正在值班的医生，请求协助治疗。五是治疗过程中，不能擅离职守，病人做检查等需要我的陪同，应该跟总值班医生汇报情况，得到批准后再离开。

面试题四：作为一名医务工作者，你认为你有哪些优势和不足？

参考答案：从事医务工作，能够接触各式各样的人，经常处理一些紧急事件，这就使我具有较强的为人处世的能力，遇事比较冷静、处理事情层次分明，干脆利落，做事认真、稳重、耐心细致。二是我有比较强的团队精神，能和同事建立起一种相互信任的合作关系，有良好的倾听能力和沟通能力，对待工作认真努力，能够及时完成，并且很乐意帮助同事，乐于承担本职工作以外的工作。三俗话说人无完人金无足赤，同样在我身上也存在着不足之处，诸如社会阅历浅，工作经验少等，只有通过自身不断地发现，再改正，并真诚、虚心地向别人请教学习，才能克服缺点，不断完善自己。

面试题五：你是一名急诊科医务人员，在你值班的时候，你的亲戚好友找你有急事，你会怎么做？

参考答案：一是仔细询问亲戚好友，了解急事的具体情况、性质等，再做出相应的判断。二是若是这件急事跟我的职业相关，比如亲戚身体不适，或者受伤等，我会根据当时值班时的情况，根据病情的轻重缓急来处理，先处理严重的病人，绝对不会因为私人关系优先照顾亲戚。三是若是私人事情，我会跟亲戚说明我们急诊值班的原则，必须坚守岗位，不得擅离职守，看是否可以等我下班后再帮他处理，相信我的亲戚好友能够理解。四是若是事情真的很紧急，我会向医院总值班医生请假，经值班领导同意并安排有关人员替代后，再离开值班岗位。

面试题六：在当今社会医疗纠纷成为了热点话题，你是怎样看待的？

参考答案：一是医疗纠纷及医疗事故的发生是不可避免的，特别是近年来受诸多因素的影响，医疗事故的发生率呈明显上升趋势。二是分析近年来发生的各类型医疗纠纷及事故，几乎都能从责任方面找到教训。如工作不认真，制度不落实，说话随便、不讲技巧等。因此，我觉得要做好防范医疗纠纷工作，就必须强化责任意识。三是作为医疗工作者，跟患者患儿一定要加强沟通，相互理解和信任。医学是一个专业性很强的领域，患者首先要信任并遵守医生的嘱托，主动配合医生的治疗和检查，医生也要以一种和善、耐心的态度对待焦急的患者，建议做相关检查和治疗时，要向家属交代清楚。这样才能从主观上防止纠纷的发生，从而保证医疗工作的顺利进行，让患者得到及时治疗。

除了以上面试重点考察医疗工作者对工作认知、矛盾化解、应变能力等方面。医务工作者往往代表着医院的形象，富有亲和力的言语、端庄得体的外表也是面试考察的一个重点。

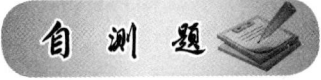

简答题

1. 结合我国当前的就业形势，想想对你的就业有何影响？
2. 作为在校学习的中职生，目前你的就业观是什么？将来会有什么改变吗？
3. 面对当前的就业形势，我们中职生应树立什么样的择业观？
4. 找一找自己目前与职业人之间的距离。
5. 作为在校生，如何做好适应社会、融入社会的准备？

（文淑红　彭丽辉　宋晨升）

参考文献

陈建．职业生涯规划．北京：北京理工大学出版社，2011．

蒋乃平．职业生涯规划．修订版．北京：高等教育出版社，2015．

李兴洲．职业生涯规划．北京：北京师范大学出版社，2015．

秦小刚．职业生涯规划与就业指导．北京：北京师范大学出版社，2013．

石建勋．职业生涯规划与管理．第 2 版．北京：清华大学出版社，2017．

吴宝龙．张立新．张立莉．职业生涯规划与自我修炼．北京：清华大学出版社，2014．

教学基本要求

一、课程性质和任务

职业生涯规划与就业指导是中职学校安排在第一学期必修的课程。本课程秉承可持续发展和终身学习理念，按照"贴近实际、贴近学生"原则，引导学生正确认识自身的个性特质、现有与潜在的资源优势，根据社会需要和自身特点进行职业生涯规划，树立明确的职业发展目标与职业理想，并以此规范和调整自己的行为，为顺利就业、创业创造条件。

二、课程教学目标

（一）知识目标

了解职业生涯规划以及相关概念的内涵，认识所学专业及其对应职业群和相关行业及职业资格情况，正确理解发展目标的制定与发展措施的重要性、理解职业生涯规划管理、调整的必要性，掌握角色转换、融入社会的能力与职业生涯发展的关系等基本知识。

（二）能力目标

能够区分中职生职业生涯规划与其他人群职业生涯规划的不同，会分析所学专业应达到的职业资格标准、本人发展条件，体验个性调适和自我控制的过程；能够根据本人实际和经济社会发展需要，确立职业生涯发展目标、构建发展台阶、制定发展措施并能够修改、完善发展目标和发展规划，能够具备适应社会、融入社会的基本能力。

（三）情感态度观念

初步形成正确的职业理想和职业价值取向，关注自己的职业生涯规划及未来职业发展，确立"适合自己的发展目标是最好的目标"的发展理念，养成端正脚踏实地实现发展目标和"知行合一"的行为习惯。树立正确的就业观、择业观。形成科学管理、适时调整职业生涯规划的态度，确立终身学习的思想，努力追求职业理想的实现。

三、教学内容与要求

教学内容	教学要求			教学活动（参考）
	了解	理解	掌握	
第1章　认知职业生涯与职业生涯规划				案例分析
第1节　职业与职业生涯				讲授
一、职业及其特征	√			情境教学
二、职业与职业生涯		√		多媒体教学
三、职业生涯与职业理想		√		
第2节　职业生涯规划的内涵				案例分析
一、职业生涯规划的含义	√			讲授
二、职业生涯规划的意义		√		情境教学
三、中职生职业生涯规划的特点			√	多媒体教学
第2章　关注环境　抓住职业生涯发展机遇				社会调研
第1节　认知专业及对应职业岗位群				多媒体教学
一、专业与职业	√			案例分析
二、中职学校医药卫生类专业的培养目标及课程设置（部分）		√		
三、专业与对职业岗位群		√		
第2节　职业资格证书是职业生涯的"敲门砖"				案例分析
一、有些职业是有门槛的	√			讲授
二、医学卫生类专业对应的职业资格证书		√		
第3节　家庭、社会对职业发展的影响				
一、家庭因素与职业生涯规划	√			调查分析
二、行业、企业对职业生涯规划的影响		√		讨论
三、地方经济、区域位置对职业生涯规划的作用			√	讲授
第3章　剖析自我　为职业生涯发展打基础				
第1节　职业性格与职业生涯				讲授
一、性格与职业性格	√			心理测试
二、职业性格对职业生涯的作用		√		案例分析
三、职业性格可以调适		√		
四、医护类职业性格对职业人的要求		√		案例分析
第2节　职业兴趣与职业生涯				多媒体教学
一、兴趣与职业兴趣	√			
二、职业兴趣对职业生涯发展的作用		√		讲授
三、职业兴趣可以培养		√		多媒体教学
第3节　职业能力与职业生涯				案例分析
一、能力与职业能力	√			
二、职业能力对职业生涯发展的作用		√		讨论
三、职业能力可以提升		√		小组交流

续表

教学内容	教学要求			教学活动（参考）
	了解	理解	掌握	
第4节 自我评估实训（自我评估报告）*				设计报告
一、实训目标			√	
二、实训的内容			√	
三、实训要求			√	
四、实训步骤			√	
第5节 职业价值观与职业生涯发展				讲授
一、价值观与职业价值观	√			案例分析
二、职业价值观是可塑的		√		
三、中职生要树立正确的人才观		√		
第4章 确定目标 制定职业生涯发展规划				
第1节 职业生涯发展要有目标				案例分析
一、职业生涯发展目标的构成		√		讲授
二、职业生涯发展目标的选择必须符合发展条件	√			多媒体教学
第2节 职业生涯发展要精心设计				
一、职业生涯规划制定的原则	√			
二、职业生涯规划设计的步骤		√		讨论
三、职业生涯规划阶段目标的设计			√	讲授
四、职业生涯规划近期目标的制定			√	
第3节 中职生（阶段）职业生涯规划实训*				
一、自我认知			√	分析讨论
二、职业认知			√	设计作品
三、目标选择与实施措施			√	
四、目标调整与改进			√	
第5章 制定措施 管理职业生涯规划				
第1节 严格管理职业生涯规划				讲授
一、职业生涯规划管理的意义	√			多媒体教学
二、职业生涯规划管理措施		√		讨论
三、职业生涯规划管理从校园开始		√		
第2节 适当调整职业生涯规划				讲授
一、职业生涯规划调整的必要性	√			多媒体教学
二、把握职业生涯规划调整时机		√		
三、调整职业生涯规划的策略			√	
第3节 职业生涯规划管理实训*				
一、实训目标			√	
二、实训内容			√	
三、实训要求			√	
四、实训步骤			√	

续表

教学内容	教学要求			教学活动（参考）
	了解	理解	掌握	
第6章 提高能力 促进职业生涯发展				
第1节 正确认识就业与创业				讲授
一、我国的就业形势和政策	√			讨论
二、中职医学生就业现状及成因	√			多媒体教学
三、中职医学生就业对策		√		
第2节 做好就业准备				
一、转化角色适应职业		√		
二、做好就业心理准备			√	社会实践
三、做好就业能力储备			√	案例分析
四、做好就业信息收集			√	讨论
第3节 做好求职准备				
一、求职信的撰写与包装			√	
二、个人简历的制作			√	讲解
三、应对面试的准备			√	讨论
四、识别求职陷阱			√	案例分析
第4节 个人求职简历实训				
一、实训目标			√	
二、实训准备			√	讨论
三、实训要求			√	设计作品
四、实训内容			√	
五、实训步骤			√	

四、教学大纲说明

（一）适用范围

中职医药卫生类专业学生，如护理、助产、医学检验、药剂等，总学时为36学时，其中理论课教学22学时，社会实践6学时、实训8学时。

（二）教学要求

本课程教学要求分了解、理解、掌握三个层次，了解是对知识的简单认识和理解；理解是指对所学知识的进一步认知和领会；掌握是指对知识有深度的挖掘和认识，并能用所学知识指导自己的职业生涯发展，实践部分皆为掌握层次。

（三）教学建议

1.利用现代化教学手段，使用课件、微课和网络资源，便于学生理解，增强教学效果。

2．采取多种形式的教学方式，理论联系实际，开展小组交流式学习，提高学生的分析问题、解决问题能力。

3．带领学生社会实践，与社会接轨，让学生在实践中体验和感受。

4．成绩的考核以开卷和实训考核为主。

（四）教学内容学时分配建议

教学内容	学时数			
	理论	实践	实训	小计
第1章 认知职业生涯与职业生涯规划	4			4
第2章 关注环境 抓住职业生涯发展机遇	4	2		6
第3章 剖析自我 为职业生涯发展打基础	4	2	2	8
第4章 确定目标 制定职业生涯发展规划	4		2	6
第5章 制定措施 管理职业生涯规划	4		2	6
第6章 提高能力 促进职业生涯发展	2	2	2	6
合计	22	6	8	36

自测题选择题答案

第 1 章

1. A   2. B   3. D   4. D   5. D   6. E   7. A   8. A   9. A   10. A

第 2 章

1. C   2. ABD   3. AB   4. ABC   5. BC   6. ABC   7. A

第 3 章

1. B   2. C   3. D   4. E   5. D   6. B   7. E   8. D   9. D   10. E
11. A   12. E   13. A

第 4 章

（略）

第 5 章

1. B   2. D   3. D   4. A   5. B   6. B   7. C   8. A   9. C   10. A
11. D   12. C

第 6 章

（略）